KB064404

논어와 조선왕조실록

오늘을 리딩하는
옛 사람들의 지혜

論語

孟子

논어와 조선왕조실록

大學

中庸

김준태 지음

朝 鮮 王 朝 實 錄

ᄂᄀᄅ
ᄆᄂ

일러두기

1 이 책은 경제주간지 《이코노미스트》에 2015년 3월부터 같은 해 12월까지 연재된 〈실록으로 읽는
   사서〉 시리즈를 추려 엮고 다듬은 책이다.
2 본문의 인용문 중에는 읽기 편하도록 축약 또는 의역한 부분이 있다. 원전의 뜻을 훼손하지 않는
   선에서 어휘도 현대적 감각에 맞게 고쳤다. 출처는 아래에 주석으로 표시하였다.

고전(古典)이란 어떤 책인가? 세월을 뛰어넘는 생명력을 가진 책, 오늘날에도 감동과 교훈을 줄 수 있는 책, 우리는 보통 그런 책을 고전이라고 부른다. 이런 말도 있다. 고전은 한 번쯤 들어봤지만 한 번도 읽지 않은 책이고, 누구나 알 정도로 유명하지만 끝까지 읽어본 적은 없는 책이라고. 물론 농담이다. 하지만 현실이기도 하다. 많은 사람들이 내용이 어려워서, 또는 지레 어려울 것 같다는 생각에 고전 읽기를 망설인다.

이 같은 상황은 동양 고전이 더욱 심각하다. 서양 고전에 비해 접할 수 있는 기회가 적고, 한문을 우리말로 번역하는 작업이 부족한 탓이다. 현대에 맞지 않는 낡은 이야기라는 인식도 한몫하고 있다. "공자 왈 맹자 왈"이라는 표현이 공리공론을 말한다는 뜻으로 사전에 기록되어 있는 것처럼 말이다.

그런데 정말 동양 고전이 쓸데없는 책일까? 시대에 뒤떨어져 우리에게 아무런 영감도 주지 못하는 그런 책일까? 어떤 책이 수천 년을 전해오며 많은 사람에게 읽혀왔다면 그만한 가치가 있게 마련이다. 단순히 주류 지배 사상의 경전이어서가 아니다. 읽는 이에게 다양한 경험과 성찰을 제공해주고, 시공간을 초월해 인간과 사회가 마주하는 근본적인 문제들을 다루고 있기 때문이다. 그래서 그처럼 오랜 생명력을 가질 수 있었던 것이다.

『성경(聖經)』에 못지않은 스테디셀러이며 동양뿐 아니라 인류 전체의 고전으로 손꼽히는 『논어(論語)』가 바로 그러한 책이다. 논어는 거창한 담론이나 형이상학적 언어를 담고 있지 않다. 어떻게 하면 인간다움을 성취하고 인간으로서 부끄럽지 않은 인생을 살아갈 것인가에 대해 일상의 언어로 이야기하고 있다. 논어의 가르침은 시대라는 옷만 달리 입었을 뿐, 오늘의 우리가 마주하고 있는 문제들에 대한 것이다.

그런데 유교 사상의 이념적 근거, 철학 담론의 배경으로서 논어의 역할에 초점을 맞추다 보니 우리는 논어를 어렵게만 생각해왔다. 이 해석이 맞는지 틀린지, 이 글자를 어떻게 번역해야 하는지 같은 문제에 치중하다 보니 논어는 점점 우리 곁에서 멀어졌다. 이는 학자의 소관이지 일반 독자와 상관없는 일인데도 말이다. 우리에게는 논어의 좋은 문장 하나를 만나 곱씹고, 그것을 내 삶에 투영하여 성찰하는 일이 더 중요하다.

이 책은 독자 여러분이 그와 같은 논어를 찾아가는 데 도움이 되길 바라는 마음에서 준비했다. 이를 위해 『조선왕조실록』의 도움을 얻었는데, 논어의 구절과 가르침들이 구체적인 현실 속에서 어떻게 접목되었는지를 다뤘다. 왕과 신하가 국가 비전을 논의하고 정책을 토론하는 과정에서, 참된 지도자의 자격을 되새기고 올바른 삶의 방향을 모색하는 과정에서 논어가 어떤 방향을 제시해주었는지를 소개하고자 한다. 더불어 『맹자(孟子)』와 『대학(大學)』, 『중용(中庸)』 등 사서(四書)의 이야기들도 함께 덧붙였는데, 이를 통해 논어, 그리고 사서가 저 멀리 고원한 세계에 존재하는 '박제된 고전'이 아니라 우리가 삶에서 응용할 수 있는 '살아 숨 쉬는 고전'이라는 것을 이야기하고 싶었다.

무릇 모든 고전은 나를 위한 각주라는 말이 있다. 아무리 훌륭한 책이라도 그것이 내 삶과 만나지 못하고, 지금의 시대와 만나지 못하면 아무런 의미가 없다. 나의 여정에 나침반이 되고 시대의 고민을 함께 생각할 수 있어야 진정한 고전이다. 이 책이 감히 곧바로 그러한 도움을 줄 수는 없겠지만, 이 책을 보고 논어가 일상의 이야기구나, 이렇게 현실과 만날 수 있구나 하고 생각했으면 한다.

끝으로 이 책을 펼쳐주신 여러분께 진심으로 감사의 인사를 전한다. 변함없는 사랑과 격려를 보내주는 부모님과 가족, 스승 최일범 교수님께도 감사드린다. 『이코노미스트』 남승률 편집장, 원고를 쓸 때마다 정성껏 읽고 의견을 준 김병목, 안승현, 그 외 응원해주신 모든 분과 눌민출판사에게 고맙다는 말씀을 올린다. 여전히 부족하고 미숙하지만, 최선을 다한 시간이 여기에 스몄다.

|차 례|

1부

실록 속의 논어

1

생각하지 않은 것이지,
어찌 멀다 하겠는가?

태조실록과 숙종실록 속의 논어 자한 편

1395년(태조 4년) 가을이 깊어가던 어느 날, 삼봉 정도전은 태조 이성계와 함께 새로 창건한 경복궁을 둘러보고 있었다. 전각에 붙일 이름과 그 이름에 담긴 뜻을 하나씩 설명하던 정도전은 근정전(勤政殿) 뒤에 자리한 편전(便殿)으로 들어서며 이렇게 말했다.

이곳은 사정전(思政殿)이라고 이름을 붙였사옵니다. 무릇 세상의 이치는 생각하면 얻을 수 있고, 생각하지 않으면 잃어버리게 됩니다. 더욱이 임금이 다스려야 하는 만백성에는 지혜로운 사람, 어리석은 사람, 어진 사람, 불초한 사람이 뒤섞여 있습니다. 임금이 처리해야 하는 번다한 일 속에는 옳고 그름, 이롭고 해로움이 혼재되어 있습니다. 만약 임금께서 깊이 생각하고 세밀하게 살피지 않으신다면 어찌 마땅한 일과 부당한 일을 구분하여 처리하고, 좋은 인재와 나쁜 인재를 가려서 등용할 수 있겠습니까? 예로부터 임금 된 자는 누구라서 빛나길 바라고 위태롭기를 싫어하지 않았겠습니까마는 사람답지 않은 사람을 가까이에 두고, 나쁜 일을 꾀하다 화를 당해 패망에 이르곤 했던 것은 결국 생각하지 않아서입니다. 『시경(詩經)』의 "내 어찌 그대를 생각하지 않으랴만 집이 멀구나!"라는 구절에 대해 공자는 "생각하지 않은 것이지 어찌 멀다 하겠는가!"라고 하였으니 생각이란 이처럼 중요한 것입니다. 전하께서 매일 이 전각에서 정무를 보시고 조칙을 내리시매 항상 깊이 생각하셔야 하오니, 신은 이곳을 사정전이라 부르길 청하옵니다.[1]

---

1) 『태조실록』 4년 10월 7일

하루에도 수많은 사람을 대하고, 수없는 결정을 내려야 하는 임금은 항상 깊이 생각하고 꼼꼼하게 살펴야 한다. 왕으로서의 책임과 국가의 목표를 마음에 새기고 성찰해야 한다. 그렇지 않으면 그는 복잡다단한 정무를 감당할 수 없을 뿐 아니라 나라와 백성을 위험에 빠뜨리게 된다. 따라서 '생각'의 중요성을 늘 명심하라는 뜻에서 임금의 집무 공간을 '사정전'이라고 부르겠다는 것이다.

정도전은 공자의 말을 인용하며 '생각'을 더욱 강조한 것인데, 이 대목은 원래 『논어』「자한(子罕)」 편에 나온다. "산앵두나무 꽃이여! 바람에 흔들리는구나. 내 어찌 그대를 생각하지 않으랴만 집이 멀구나!"라는 시구를 두고 공자가 "생각하지 않은 것이지 어찌 멀다 하겠는가!"라고 비평하는 부분이다.[2] 이 시의 화자에게는 마음에 드는 사람이 있었다. 그런데 그 사람이 사는 곳은 너무 멀리 떨어져 있다. 그래서 아쉽지만 만나러 가는 것을 포기해버린다. 하지만 공자가 보기에 이것은 핑계일 따름이다. 진정으로 그 사람을 좋아하고 생각한다면 물리적 거리쯤은 아무런 문제가 되지 않아야 한다.

이것은 다른 일에서도 마찬가지다. 흔히 우리는 어떤 일을 할 수 없다고 말하면서 이런저런 이유를 댄다. 바빠서 시간이 없다, 나와 맞지 않다, 너무 멀다, 그 일을 하기에는 나이가 많다 등등. 그런데 정말 그 일이 내가 할 수 없는 것이었을까? 할 수 없다는 이유가 변명이나 자기 합리화는 아니었을까? 일찍이 정조 임금은 야근이 많

---

2) 『논어』, 「자한」, "唐棣之華, 偏其反而. 豈不爾思 室是遠而! 子曰 未之思也, 夫何遠之有!"

고 업무가 과중하여 책을 읽을 시간이 없다는 젊은 신하의 말에 "책을 읽을 틈이 없는 것이 아니라 책을 읽으려는 생각이 없는 것"[3] 이라고 질책한 적이 있다. 하루에 단 몇 분씩만 책을 읽더라도 그게 꾸준히 쌓인다면 여러 권의 책을 읽어낼 수 있다. 아무리 바쁘다 해도 하루에 몇 분의 시간도 없다는 게 말이 되느냐는 것이다.

요컨대, 할 수 없는 것이 아니라 하지 않은 것이고, 하지 않은 진짜 이유는 하고 싶은 생각이 없어서이다. 귀찮아서, 걱정돼서, 혹은 두려워서, 아직 하지도 않은 일의 결과를 속단하고 지레 시작조차 하지 않는 것이다. 생각을 정돈하여 마음을 다잡는다면 상황이나 여건 따위는 얼마든지 극복할 수 있는데도 말이다.

이와 관련하여 살펴볼 구절이 하나 더 있다. 『논어』 「옹야(雍也)」 편이다. 어느 날 공자의 제자 염구(冉求)가 스승에게 하소연했다. "제가 선생님의 도를 좋아하지 않는 것은 아니나 그것을 따르기에는 힘이 부족합니다." 그러자 공자는 이렇게 말한다. "힘이 부족한 사람은 중도에 쓰러져 그만두면 되는 것이다. 지금 자네는 한계부터 긋고 있다."[4]

어떤 목표가 있다면, 무엇이 되길 바란다면, 그것을 절실히 염원하며 자신이 가지고 있는 힘을 남김없이 쏟아내야 한다. 물론 목적지에 도달하기도 전에 힘이 다 빠져버릴 수도 있다. 그래서 끝내 목표를 이루지 못할 수도 있다. 하지만 도중에 쓰러질지언정 힘이 부족하다는 핑계를 대며 노력조차 하지 않는 것은 잘못이다. 시작도

---

3) 『홍재전서』 162권, 「일득록」 2
4) 『논어』, 「옹야」, "冉求曰, 非不說子之道, 力不足. 子曰, 力不足者, 中道而廢, 今女畵!"

해보지 않았으면서 미리 한계선을 긋고 그 안에 자기 자신을 가두는, 참으로 어리석은 행동인 것이다. 숙종 때의 학자 김창협(金昌協, 1651~1708)은 이 구절을 다음과 같이 풀이했다.

이 세상에 사람이 해내지 못할 일이란 없습니다. 단지 온 힘을 다하지 않았을 따름입니다. 대저 사람이 몸을 움직여 여러 일들에 대응하기 위해서는 무엇보다 마음이 중요합니다. 진실로 마음을 먼저 바르게 세우고 굳건히 잡아 용맹하게 나아간다면 어떤 일이든 해내지 못하겠습니까? 물론 사람의 역량에는 본래 크고 작은 차이가 있고, 재능에도 뛰어나고 부족한 차이가 있습니다. 따라서 그 마음을 다했는데도 역량과 재능이 끝내 이에 미치지 못할 수 있습니다. 이는 어쩔 도리가 없는 것입니다. 그러나 자신이 가진 역량과 재능을 할 수 있는 데까지 남김없이 발휘하는 사람 또한 드뭅니다. 대개 하기도 전에 지레 겁을 집어먹고서 아예 능력을 시험해볼 생각도 하지 않는 것이니, 만약 온 힘을 쏟는다면 필시 못 해낼 일이 없을 것입니다. 공자는 제자 염구에게 "너는 금을 그어 스스로 못 한다고 한계를 짓고 있다."라고 하였으니, 사람의 근심은 바로 여기, 금을 긋는 데서 비롯되는 것입니다. 만약 전하께서도 요(堯)임금과 순(舜)임금의 정치가 (너무 높고 이상적이서) 행하기 어렵다고 여기신다면 이 역시 스스로 금을 긋는 일이라 할 것입니다.[5]

---

5) 『숙종실록』 9년 8월 5일

물론 아무리 애써도 안 되는 일이 있다. 타고난 자질과 능력의 상한 선이 다르고, 운이 따르느냐 따르지 않느냐와 같이 내 힘으로 어찌할 수 없는 영역도 분명 존재한다. 하지만 불가능하다고 말할 수 있는 자격은 가능의 영역을 남김없이 채웠을 때 비로소 주어지는 것이다. 길이 보이지 않고 막연하다고 해서, 방법을 모르겠다고 해서, 또는 번거롭고 어렵다고 해서 포기하면 안 된다. 도전해볼 생각조차 하지 않아서는 안 된다. 그것은 자신의 가능성을 스스로 축소하는 일이고 자기 손으로 스스로의 능력을 사장해버리는 것이다.

옛날 공자와 동시대에 살았던 어떤 지식인은 공자를 가리켜 "불가능한 줄 알면서도 그것을 행하는 사람"이라고 불렀다. 쓸데없는 일에 헛되이 힘을 낭비한다는 비아냥거림이지만, 그럼에도 불구하고 공자는 끝까지 노력했기에 우리가 존경하는 '공자'가 될 수 있었다.

무릇 아무것도 하지 않는다면 어떤 것도 달라지지 않는다. 바르고 드높은 목표를 세우고 이를 절실하게 갈망하며 도전해야 한다. 한번 해보겠다는 생각, 끝까지 가보겠다는 의지를 잃지 말아야 한다. 그러면 어느새 그 목표에 가까워진 나를 발견하게 될 것이다.

1. 생각하지 않은 것이지, 어찌 멀다 하겠는가?

2

자신의 노여움을 다른 사람에게 옮기지 않고
같은 허물을 되풀이하지 않는다

인조실록과 현종개수실록 속의 논어 옹야 편

위대한 성인(聖人)으로 추앙받는 공자는 생전에 많은 제자를 길러냈다. 사마천의 「공자세가(孔子世家)」에 따르면 공자의 문도는 3,000명에 이르렀다고 한다. 기록에 따라 차이가 있지만, 이 중 유명한 사람이 일흔두 명, 탁월했던 제자가 열 명인데, "공문칠십이현(孔門七十二賢)", "공문십철(孔門十哲)"이라는 말은 그래서 나왔다.

그렇다면 이 수많은 제자들 중에서 공자가 가장 아꼈던 이는 누구였을까? 『논어』에서 언급되는 빈도나 공자의 태도로 볼 때 안회(顏回), 자로(子路), 자공(子貢), 이 세 사람을 꼽을 수 있을 것이다. 특히 돋보이는 것은 안회인데 『논어』에는 그에 대한 공자의 애정과 칭찬으로 가득하다. 공자는 "안회는 참으로 어질도다! 한 그릇의 밥과 한 바가지의 물만 가지고 가난한 마을에 살게 되면 사람들은 그 괴로움을 견디지 못하는 법인데, 회는 자신의 즐거움을 변치 않는다. 어질도다! 안회여!"[6]라고 하였고, 또 "도(道)를 일러주면 게을리하지 않는 사람은 안회일 것이다."[7]라며 그를 높이 평가했다. 안회가 요절하자 "하늘이 나를 버리시는구나!"라며 비탄에 빠지기도 했다.[8]

공자는 안회가 죽은 이후에도 자신의 곁을 일찍 떠나가 버린 애제자에 대해 짙은 아쉬움을 표시했는데, 한번은 노나라의 임금 애공(哀公)이 "제자들 중에서 누가 학문을 좋아합니까?"라고 묻자 공자는

---

6) 『논어』, 「옹야」, "子曰, 賢哉, 回也! 一簞食, 一瓢飮, 在陋巷, 人不堪其憂. 回也不改其樂, 賢哉, 回也!"

7) 『논어』, 「자한」, "子曰, 語之而不惰者, 其回也與."

8) 『논어』, 「선진(先進)」, "顏淵死, 子曰, 噫! 天喪予, 天喪予."

2. 자신의 노여움을 다른 사람에게 옮기지 않고 같은 허물을 되풀이하지 않는다

이렇게 대답했다. "안회라는 이가 있어 학문을 좋아했습니다. 그는 자신의 노여움을 다른 사람에게 옮기지 않았고 같은 허물을 되풀이 하지 않았는데, 불행히도 명이 짧아서 죽었나이다. 지금은 그가 없으니 아직 학문을 좋아하는 사람이 있다는 것을 들어보지 못하였습니다."[9] 안회가 떠난 뒤로는 학문을 좋아한다고 평가할 만한 사람이 없다는 것이다.

그런데 여기서 눈여겨볼 대목이 있다. 학문을 좋아한 안회에 대해 설명하면서 그 특징으로 거론하는 '불천노(不遷怒)'와 '불이과(不貳過)'다. "자신의 노여움을 다른 사람에게 옮기지 않고, 같은 허물을 되풀이하지 않는다." 이 두 가지를 '학문을 좋아한' 결과, 혹은 조건으로 꼽는 것이다.

얼핏 평범한 생활윤리 같지만 사실 이 둘은 매우 힘든 경지다. 먼저 노여움에 대해 생각해보자. 일상생활에서 우리는 쉽게 자신의 기분을 다른 사람에게 옮긴다. 회사에서 야단을 맞고 집에 들어와서 가족에게 짜증을 내고, 평소 같으면 별것 아니게 지나갔을 일도 내가 화가 났다고 하여 괜한 화풀이를 하곤 한다. 학창시절 부모님께 성적표를 보여드릴 때, 상사에게 업무 보고를 할 때, '기분이 어떠신가?'부터 살폈던 것은 왜일까? 기분이 좋으면 안 좋은 일도 부드럽게 넘어가지만, 기분이 안 좋으면 사소한 일도 더 꾸지람을 받기 때문이다. 나의 노여움을 다른 사람에게 옮겨서는 안 된다는 것을 알면

---

9) 『논어』, 「옹야」, "哀公問, 弟子孰爲好學? 孔子對曰, 有顔回者好學, 不遷怒, 不貳過, 不幸短命死矣.今也則亡, 未聞好學者也."

서도 실제로는 그러지 못하는 것이다.

일찍이 송시열(宋時烈, 1607~1689)은 이 문제에 관하여 현종의 태도를 지적한 적이 있다. 현종은 감정을 잘 드러내고 화도 잘 내는 임금이었다. 한번은 자신이 총애한 의관(醫官)에게 벼슬을 내렸는데 신하들이 이를 따르지 않았다. 그러자 현종은 담당 부처인 이조의 관리들에게 불같이 화를 냈고 승지들에게 화풀이를 했으며, 대신들에게까지 괜한 트집을 잡았다. 이를 송시열이 강하게 비판한 것이다.

신이 듣기로 전하께서 의관 양제신에게 수령을 제수하라는 명을 내리셨는데도 전관(銓官, 인사 담당)이 즉시 따르지 않자, 성상의 노여움이 진동하여 신하들이 물러가는 것을 허락하지 않고 정청(政廳)[10]에서 밤을 지새우게 한 것이 마치 구금한 것과 다름없었다고 하였습니다. 더욱이 그 노여움을 승지들에게 옮기고 이어 대신들에게까지 미치게 하셨으니, 전하의 윤음은 치우침 없이 올바름을 지켜야 하는 도리[중정(中正)]를 크게 어기셨나이다. 이는 나라를 번성하게 만드는 행동이라 할 수 없습니다.

대저 성인(聖人)인들 어찌 노여움이 없으셨겠습니까? 다만, 노여워할 일을 만나 노여워하되 다른 사람에게는 그 노여움을 옮기지 않으셨습니다. 마치 밝은 거울과 고요한 물이 사물에 따라 그 형체를 비추지만, 아름다움과 추함은 그 사물에 달려 있는 것이지 나와는 상

---

10) 업무를 보는 관청

관이 없는 것과 마찬가지입니다. (……) 하지만 일의 이치를 분명하게 밝히지 못하고 마음의 함양이 순수하지 못하면 노여움이 천둥같이 일어나 산처럼 치솟아서, 그러면 안 된다는 것을 알면서도 또한 스스로 그만둘 수가 없게 되는 것입니다.[11]

화가 날 만한 일이 있으면 얼마든지 화를 낼 수 있다. 하지만 그 감정에 얽매이거나 이를 확산시켜서는 안 된다는 것이다. 그러지 못하면 이내 스스로 통제할 수 없는 지경에까지 이른다.

다음으로 잘못을 되풀이하지 않는 일에 대해 생각해보자. 인조 때 오윤겸(吳允謙, 1559~1636)은 '불이과'를 해설하며 다음과 같이 진언했다.

옛말에 "잘못했다가 제대로 고치기만 한다면 이보다 더 큰 선(善)은 없다." 하였고, 공자께서는 안자(顏子, 안회)가 같은 허물을 되풀이하지 않는 것을 평가하였습니다. 삼가 바라건대, 이런 마음을 잊지 마시고 안자가 학문을 좋아하듯 하시면 반드시 허물을 반복하지 않는 경지에 이르게 될 것입니다.[12]

잘못은 무조건 저질러서는 안 되는 것이 아니다. 안회가 같은 허물을 되풀이하지 않았다는 말은 안회도 한 번은 실수하고 한 번쯤은 잘못한 적이 있다는 의미이기도 하다. 다만 곧바로 그것을 반성하고

---

11) 『현종개수실록(顯宗改修實錄)』 1년 7월 25일
12) 『인조실록(仁祖實錄)』 2년 9월 9일

교훈을 얻음으로써, 다시는 똑같은 허물을 되풀이하지 않았다는 것이다. 개선과 성찰의 노력을 중시했던 것이다.

그런데 이 또한 말처럼 쉽지가 않다. 인간은 원래 자신에게 관대하게 마련이다. 잘못을 알면서도 두렵거나 어렵다는 이유로 외면하고, 고치지 않아도 별 문제가 없다는 이유로 방치한다. 잘못 자체를 인정하지 않거나 어떻게든 합리화하고 심지어 왜곡하는 경우도 있다. 그러는 사이 자기 자신을 속이고 그 잘못을 덧칠하기 위해 또 다른 잘못을 저지르게 되는데도 말이다. 공자가 "잘못이 있어도 고치지 않는 것, 이것을 잘못이라 한다."[13]라며 경계하고, "잘못했거든 고치기를 주저하지 마라."[14]라고 거듭 강조한 이유이다. 주자(朱子)도 "자신을 용감하게 다스리지 못하면 악이 날로 자라난다. 그러므로 잘못을 했거든 신속하게 고쳐야 할 것이니, 잘못을 바로잡는 것을 두려워하고 어렵게 여겨서 구차히 편안해서는 안 된다."[15]라고 하였다. 잘못을 고치고 같은 잘못을 반복하지 않는 일은 '용기'가 필요할 정도로 어렵다는 뜻이다.

하지만 그렇다고 해서 포기하거나 안주한다면 그 사람은 결코 진보하지 못한다. 허물을 그대로 두니 더 나은 방향으로 개선될 수 없고, 원인을 바로잡지 못하니 계속 같은 잘못을 반복하는 것이다. 허물이 있으면 반드시 반성을 하고 문제점을 개선해야 한다. 나아가

---

13) 『논어』, 「위령공(衛靈公)」, "子曰 過而不改 是謂過矣."

14) 『논어』, 「학이(學而)」; 「자한」, "過則勿憚改."

15) 『논어집주(論語集註)』, 「학이」, "自治不勇, 則惡日長, 故有過則當速改, 不可畏難而苟安也."

나의 부족한 점을 채우고 인격을 수양하는 계기로 삼아, 다시는 그와 같은 잘못을 반복하지 말아야 한다. 그래야 변화와 성장이 시작되는 것이다.

요컨대, "자신의 노여움을 다른 사람에게 옮기지 않았고 같은 허물을 되풀이하지 않은" 안회의 경지는 학문의 목적이 거창한 그 무엇이 아니라 생활 속의 올바름을 구현하는 데 있음을 보여준다. 자신의 중심을 지켜 감정에 휩쓸리지 않으며, 다른 사람과 관계 맺음을 잘하고, 시행착오에서 얻은 배움을 통해 끊임없이 자신을 나아지게 만드는 것이다. 내 기분에 따라 상대방을 대하고, 같은 잘못과 실수를 반복하고, 비록 사소하다 싶은 일에서일지라도 이런 일이 자꾸 쌓이다 보면 결국 내 감정으로 인해 큰일을 그르치고, 내 부주의로 인해 돌이킬 수 없는 과오를 저지르게 된다. '불천노 불이과'를 위한 부단한 노력이 필요한 이유이다.

3

임금의 말이 바르고 착하지 못한데도
이를 거역하는 이가 없다면 어찌 되겠는가?

세종실록과 단종실록 속의 논어 자로 편

"내 뜻은 이미 정해졌다. 천 명의 정승이 말한다고 해도 들어줄 수 없다."[16] "만일 어진 임금이라면 반드시 경들의 말을 따를 것이다. 하지만 나는 덕이 없는 임금이니 따르지 않겠다."[17] "그대들이 조목조목 따져서 말하니 나도 조목조목 대답해야 마땅하다. 그러나 그리되면 임금의 말이 너무 번잡스럽지 않겠는가? 대답하지 않을 것이다."[18] "대신들의 말도 듣지 않았는데 너희의 말을 들을 것 같은가?"[19] "이는 나를 위협하여 두렵게 만들려는 것이리라."[20] "주동자를 조사해 보고하라. 만일 승복하지 않으면 고문해도 좋다."[21]

여기서 질문 하나, 이런 말을 한 왕은 누구일까? 이 임금은 자신의 뜻을 관철하기 위해 단식투쟁에 나섰다. 궁궐을 떠나겠다며 소동을 벌였고, 심지어 왕위까지 내놓겠다고 협박했다. 위로는 조정 대신들로부터 아래로는 젊은 유생에 이르기까지 반대가 극심했음에도 불구하고 물러서지 않았다. 그야말로 고집불통에 독선적이었다. 도대체 이 왕은 누구일까? 폭군으로 악명이 높았던 연산군? 절대왕권을 추구했던 태종? 신하들을 제압하며 완고한 태도를 보였던 영조? 아니다. 의외지만 정답은 '성군(聖君) 세종대왕'이다.

1448년(세종 30년), 세종은 궁궐 안에 불당(佛堂)을 지으라고 지시했

---

16) 『세종실록』 30년 7월 18일
17) 『세종실록』 30년 7월 19일
18) 『세종실록』 30년 7월 20일
19) 위와 같음.
20) 위와 같음.
21) 『세종실록』 30년 7월 23일

다. 태종이 태조를 기리고자 문소전(文昭殿)[22] 옆에 불당을 세웠는데 지금은 사라지고 없으니 다시 만들어야겠다는 것이다. 아버지의 유지를 받들겠다는 명분이었다. 게다가 당시 세종은 시력을 거의 잃어버렸을 정도로 건강이 좋지 않았다. 아들 평원대군과 광평대군, 부인 소헌왕후가 연이어 세상을 떠나는 등 정신적으로나 육체적으로나 매우 피폐한 상태였다. 따라서 불교를 통해 종교적인 위안을 얻고 싶었던 이유도 있었을 것이다.

하지만 신하들로서는 이를 도저히 받아들일 수 없었다. 성리학을 국가 이념으로 하여 건국된 조선에서 불교는 척결해야 할 이단(異端)에 불과하기 때문이다. 더군다나 다른 사람도 아닌 왕이 나서서 불당을 짓겠다는 것은 있을 수 없는 일이었다. 영의정 황희를 위시하여 대신, 간관, 집현전 학사, 하급관리, 성균관 유생 등 모두가 하나같이 세종의 뜻에 맞선 것은 그래서이다. 세종의 입장에서 보면 병들고 지친 임금의 소원 하나 들어주지 않는 신하들이 각박하게 느껴졌을 테고, 그래서 위와 같은 격한 반응을 쏟아낸 것이겠지만, 신하들의 입장에서는 국가의 정체성을 지키기 위해 결코 양보할 수 없는 문제였다.

그런데 세종은 끝내 자신의 의사를 굽히지 않았고, 불당 설치를 강행하고야 만다. 물론 이 사안이 세종을 판단하는 잣대가 될 수는

---

22) 경복궁 안에 있었던 전각이다. 태조의 첫번째 왕후이자 태종의 친모인 신의왕후(神懿王后) 한씨의 위패를 모시기 위해 만들어졌다. 이후 태종에 의해 태조의 영정이 봉안되었고, 여기에 다시 세종이 부모인 태종과 원경왕후(元敬王后) 민씨의 위패를 함께 모셨다.

없다. 세종의 성공과 실패를 좌우한 사건도 아니다. 그렇지만 이 과정에서 여론을 강압적으로 억누르고 자신의 뜻을 고집한 태도는 분명 문제가 아닐 수 없다. 집현전 직제학 신석조(申碩祖, 1407~1459)가 올린 상소는 이 점을 잘 지적하고 있다.

> 일찍이 공자는 정공(定公)에게 "'임금 노릇을 한다고 해서 딱히 즐거운 점은 없지만, 오직 아무도 내 말을 거역하지 않는 것은 마음에 든다.'라고 말한 이가 있습니다. 만약 임금의 말이 옳지 못한데도 이를 거역하는 이가 없다면, 이 한마디 말이 결국 나라를 망하게 만들지 않겠습니까?"라고 하였습니다. 자사(子思)[23]도 위나라 군주에게 "임금이 스스로 자신의 말을 옳게 여기면 신하들 중에 감히 그 잘못된 점을 바로잡는 이가 없을 것이니, 그 임금의 정치는 갈수록 잘못될 것입니다."라고 하였습니다. 예로부터 국가가 잘 다스려지느냐 못 다스려지느냐, 흥하느냐 망하느냐는 임금이 신하의 간언을 따르느냐 거부하느냐의 여부에 따라 결정되어 왔습니다. 이 얼마나 두려운 일입니까? (……) 지금 신하들이 간절하게 간언하고 있지만 전하께서는 오히려 갈수록 거부 의사를 굳건히 하고 계십니다. 스스로 옳다고 여기심이 이보다 더 심할 수가 없습니다. 매우 잘못된 일을 고집하느라 간언을 물리치심이 이처럼 극도에 이르렀으니 이는 종묘사직과 백성들에게 불행한 일입니다.[24]

---

23) 공자의 손자로서『중용』을 지었다.
24)『세종실록』30년 7월 20일

여기서 신석조가 인용한 공자의 말은 『논어』 「자로(子路)」 편에 나온다. 노나라의 임금 정공이 공자에게 "한마디 말로써 나라를 흥하게 할 수 있다고 하던데, 그러한 것이 있습니까?"라고 묻자, 공자는 "말만 가지고 그와 같은 효과를 기약할 수는 없습니다. 다만 사람들이 하는 말에 '임금 노릇하기가 어렵고 신하 노릇하기가 쉽지 않다.'라는 것이 있습니다. 만일 임금 노릇하기가 어렵다는 것을 안다면, 이 한마디 말이 나라를 흥하게 하리라 기대할 수 있지 않겠습니까?"라고 대답했다. 정공이 다시 "한마디 말로써 나라를 망하게 할 수 있다고 하던데, 그러한 것이 있습니까?"라고 묻자, 공자는 "말만 가지고 그렇게 될 수는 없습니다. 다만 사람들이 하는 말에 '나는 임금 노릇이 딱히 즐겁지 않지만, 내가 말을 하면 어기지 않는 것은 즐겁다.'라는 것이 있습니다. 만약 임금의 말이 바르고 착하다면 아무도 거역하는 이가 없어도 괜찮습니다. 하지만 임금의 말이 바르고 착하지 못한데도 이를 거역하는 이가 없다면 어찌 되겠습니까? 바로 이것이 한마디 말로써 나라를 잃게 되는 것이 아니겠습니까?"라고 답한다.[25]

이 중에서 특히 자주 인용되는 것은 뒷부분이다. 사육신(死六臣)[26] 중 한 사람인 박팽년도 단종에게 이렇게 말한 적이 있다.

---

25) 『논어』, 「자로」, "定公問, 一言而可以興邦, 有諸? 孔子對曰, 言不可以若是其幾也. 人之言曰, 為君難, 為臣不易, 如知為君之難也, 不幾乎一言而興邦乎? 曰, 一言而喪邦, 有諸? 孔子對曰, 言不可以若是其幾也. 人之言曰, 予無樂乎為君, 唯其言而莫予違也. 如其善而莫之違也, 不亦善乎. 如不善而莫之違也, 不幾乎一言而喪邦乎?"

26) 단종의 복위를 시도하다 목숨을 잃은 여섯 명의 신하로, 박팽년을 비롯하여 성삼문, 하위지, 이개, 유성원, 유응부를 가리킨다.

임금이 오로지 자기가 하라는 대로만 하게 하고 다른 사람들이 절대 이를 어기지 못하도록 한다면 어찌 되겠습니까? 아첨하는 무리가 거짓된 미사여구로 임금의 마음을 어지럽힐 것이니, 정치의 잘잘못에 대한 비판을 들을 수가 없게 됩니다. 그리되면 나라가 위태로운 지경에 이르더라도 임금이 알지 못할 것입니다. 이것이 곧 한마디 말로써 나라를 망하게 한다는 것이 아니겠습니까?[27]

그러나 이러한 경계에도 불구하고 현실에서의 임금은 "내가 왕인데 이거 하나 마음대로 할 수 없느냐." 하며 아랫사람들의 반대를 묵살하기 쉽다. "감히 내 말을 거역하려 드느냐." 하는 불쾌감도 생겨난다. 그래서 고집을 부리고 역정을 내며 신하들과 충돌하게 되는 것이다. 현종 때 박세당(朴世堂, 1629~1703)은 논어의 이 구절을 인용하며 임금을 비판한 적이 있다.

전하께서 보위에 오르신 지 몇 년이나 지났지만 전하의 잘못을 바로잡아 주는 삼사(三司)[28]의 간언을 대부분 물리치셨습니다. 겸허하게 받아들이는 모습은 한 번도 뵌 적이 없습니다. 진실로 신하들이 모두 충직하지가 못해서 국가에 아무런 보탬이 되지 않는다면 어쩔 도리가 없습니다. 그러나 단지, 신하들이 아뢰는 말이 전하의 마음에 들지 않으신 거라면, 전하께서는 간언을 막고 스스로를 어질게 여기시

---

27) 『단종실록』 1년 7월 7일
28) 간언을 담당하는 사헌부, 사간원, 홍문관을 말함.

는 것입니다. "내 말을 사람들이 어기지 않는 것이 즐겁다"는 공자의 경계를 크게 위반하고 계신 것입니다. 더욱이 전하께서 매번 노여운 음성으로 신하들의 말을 꺾으시는 것은 어째서입니까? 무릇 일의 옳고 그름은 이치에 달려 있는 것이지 목소리가 큰 것과는 무관합니다. 아랫사람이 올린 말에 이치에 맞지 않는 점이 있다면 전하께서는 이들을 깨우쳐주소서. 그리하여 아랫사람들이 전하의 명철한 판단을 분명히 알게 하소서. 반대로 아랫사람이 올린 말이 이치에 합당하다면 전하께서는 아무쪼록 그들의 말을 따라주시옵소서.[29]

물론, 임금이 "내 말을 거역하지 말라"고 했다거나 "내 말에 토를 달지 말라"고 했다 하여 이 말로 인해 곧바로 나라가 망하거나 하지는 않을 것이다. 하지만 자신의 생각이 무조건 옳다며 반론을 허용하지 않는 임금이 과연 좋은 정치를 펼칠 수 있을까? 그런 리더가 이끄는 조직이 과연 올바른 길로 나아갈 수 있을까?

무릇 완벽한 사람이란 존재하지 않는다. 아무리 훌륭하고 뛰어난 사람이라도 그의 생각이 언제나 옳고 그의 판단이 언제나 맞을 수는 없다. 따라서 다른 사람들의 의견을 들으며 부족한 점을 보완하고 잘못을 바로잡아야 하는 것이다.

그런데 지위가 높거나, 경험과 연륜이 많다고 자부하는 사람 중에는 자신의 결정에 대해 지나친 확신을 갖는 경우가 많다. 자신의 경

---

29) 『서계집(西溪集)』 5권, 疏箚, 「玉堂論事箚」

험과 지혜가 때로는 편견이 되고 선입관으로 작용하여 눈을 가려버리는데도 말이다.

　임금이 잘못된 말을 하는데도 거스르는 이가 없다면 이내 그 나라는 위태로워진다는 공자의 경고는 비단 임금과 같은 리더에게만 해당하는 것이 아니다. 내가 듣기 싫은 소리라고 하여 귀를 닫아버리고, 나의 생각과 다르다고 하여 싫어하고, 내 의사와 어긋난다고 하여 화를 내는 일. 일상생활에서 우리가 쉽게 마주하고 쉽게 저지르는 행동들이다. 이러한 태도를 고치지 않는다면 그 사람은 점점 더 편협해질 뿐이며 올바른 길로부터 멀어지게 될 것이다. 이는 내가 나아질 수 있는 기회를 스스로 박차버리는 것일 뿐 아니라, 종국에는 나 자신이 망하게 되는 길임을 잊지 말아야 한다.

4

멀리 내다보고 생각하지 않으면
머지않아 근심이 닥친다

세종실록과 순조실록 속의 논어 위령공 편

1430년(세종 12년) 병조참의 박안신(朴安臣)이 상소를 올렸다.

왜적을 막기 위해서는 육군 수십만이 방어하는 것보다 전함 수 척으로 제어하는 것이 효과적입니다. 전함을 만들기 위해서는 반드시 소나무를 재목으로 써야 하는데, 백 년 이상 자란 소나무가 수백 그루는 있어야 배 한 척을 만들 수가 있습니다. (……) 만일 재목이 부족하여 전함을 만들 수가 없다면 왜적이 우리 백성을 죽이고 해안을 노략질하던 지난날의 화가 다시 반복될 것입니다. 어린 나무들을 잘 가꾸고 화재를 방지하는 것이 오늘의 급선무인 까닭입니다. (……) 공자께선 "사람이 멀리 내다보고 생각하지 않으면 반드시 머지않아 근심이 닥친다."라고 하셨습니다. 맹자도 말하기를 "7년 묵은 병에 3년 묵은 쑥을 구할 때에, 진실로 지금이라도 쑥을 구해 묵히지 않으면 종신토록 3년 묵은 쑥을 얻지 못할 것이다."라고 하였습니다. 이 말들은 모두 미리 후환을 염려하여 대비하지 않으면, 일을 당하고 나서 후회해도 소용이 없음을 경계한 것입니다.[30]

오래전부터 왜구는 끊임없이 한반도의 남해안을 침략해왔다. 특히, 고려 말기에 접어들면서 왜적의 침입은 규모와 횟수 면에서 모두 크게 증가했다. 조선 조정은 대마도 정벌을 통해 강력한 경고를 보냈지만 근본적인 해결책이 되지는 못했다. 이에 남해안 방어에 지속적인

---

30) 『세종실록』 12년 4월 13일

관심을 쏟았는데, 위의 논의는 그 과정에서 나온 것이다. 육군 병력으로 상륙한 왜적을 격퇴하기보다는 수군을 통해 바다에서 미리 적들을 막아야 하며, 이를 위해 전함을 건조할 재목을 잘 관리하자는 것이다.

이 같은 주장을 하며 박안신은 "사람이 멀리 내다보고 생각하지 않으면 반드시 머지않아 근심이 닥친다."[31]라는 『논어』의 구절을 인용한 것인데, 「위령공」 편에 나오는 이 말은 실록에서 안보 태세를 강조할 때 자주 등장한다. 1449년(세종 31년), 함길도 최전방 지역을 담당하는 경흥부사 김약회가 여진족 방어 체계의 개선을 요청할 때와[32] 1488년(성종 19년) 의주성의 수축을 논의할 때 모두 이 말이 거론되었다. 언제 닥쳐올지 모를 전쟁의 위기로부터 나라를 지키기 위해서는 멀리 내다보고 미리 준비하는 심모원려의 자세가 필요하다는 것이다.

순조도 "사람이 멀리 보고 생각하지 않으면 반드시 가까운 장래에 근심이 생기게 마련이다. 나라에 저축한 것이 하나도 없는데 갑자기 전쟁이 일어난다면 어떻게 손을 쓸 수가 있겠는가? 이는 비단 군사의 일만 그런 것이 아니다. 모든 일은 미리 준비해야 제대로 이룰 수 있다."[33]라고 하였다. 발생 가능한 상황들을 예측하고 대응책을 준비해두어야 불확실한 미래에 대비할 수 있다는 것이다.

---

31) 『논어』, 「위령공」, "人無遠慮, 必有近憂."

32) 『세종실록』 31년 3월 16일

33) 『순조실록』 9년 12월 12일

물론, 미래는 생각한 대로 다가오지 않는다. 예측은 빗나가게 마련이다. 그래도 '준비'의 중요성은 결코 줄어들지 않는다. 일찍이 정조는 "경들에게는 큰 병폐가 있다. 일이 있을 때에는 허둥대다 일이 없으면 이내 안주하고 만다. 세상일이란 끝없이 변화한다. 비록 어떤 일을 정확히 예측하여 강구할 수는 없다 하더라도 일이 없을 때에도 언제나 일이 있을 때처럼 생각하라. 그리하면 실제 일이 닥쳤을 때 이를 해결해나갈 힘을 얻을 수 있을 것이다. 적어도 허둥대는 지경엔 빠져들지 않을 것이다."라고 하였다.[34] 멀리 내다보고 깊이 생각하며 앞날을 대비하는 노력 속에서 내공이 쌓이고 위기 대응 역량이 강화된다는 것이다.

박안신이 함께 인용한 맹자의 말도 같은 의미이다. 『맹자』「이루상(離婁上)」편에 보면 "지금 왕 노릇을 하고자 하는 사람은 7년 동안 병을 앓았으면서 3년 말린 쑥을 찾으러 다니는 것과 같다. 만약 지금이라도 쑥을 뜯어 저축해놓지 않는다면 평생토록 얻지 못할 것이다. 마찬가지로 만약 지금이라도 어진 정치에 뜻을 두지 않으면 종신토록 근심하고 치욕을 받으며, 끝내 죽고 망하는 지경에 이를 것이다."[35]라는 대목이 나온다. 이 중 "7년 동안 병을 앓았으면서도 3년 말린 쑥을 찾으러 다닌다."라는 구절은 미리 준비하지 않은 것을 탓하는 말이다. 7년째 병을 앓고 있는 사람이라면 3년 말린 쑥을 마련

---

34) 『홍재전서』175권, 「일득록」 15

35) 『맹자』, 「이루상」, "今之欲王者, 猶七年之病, 求三年之艾也. 苟爲不畜, 終身不得. 苟不志於仁, 終身憂辱, 以陷於死亡."

할 수 있는 시간은 충분하다. 이미 병이 난 이후에 준비했더라도 3년 만에 얻을 수 있는 것이기 때문이다. 그런데 7년이 지나도록 아무런 행동을 하지 않고 있다가 이제야 쑥을 찾고, 미리 준비하지 못했다며 자신을 탓해서야 되겠느냐는 것이다.

1906년(고종 43년), 함경도 관찰사 신기선의 상소를 보자. 그는 을사늑약으로 외교권이 박탈된 현실을 개탄했다.

외교권이 모두 이웃 나라에 넘어가고 말았다는 것을 늦게야 관보(官報)를 통해 접했습니다. 이는 지난 역사에 없었던 일로 우리 나라가 처음으로 당한 치욕입니다. 이 형세는 장차 외교에만 그치지 않을 것이니 이 무슨 변괴란 말입니까! (……) 성상(聖上)께서 밤낮으로 걱정하시고 충신들이 목숨을 바치며 뭇사람들의 울분이 하늘을 찌르고 있지만, 끝내 그 조약을 폐지하여 우리의 주권을 온전히 하지 못하였으니 대세가 이미 기울어 어쩌할 도리가 없는 것처럼 보입니다. 하지만 나라가 망해도 다시 중흥시킬 수 있는 법인데, 하물며 지금은 종묘와 사직이 아직 안전하고 황실이 건재하며 강토와 백성이 의연히 존재하고 있습니다. (……) 대체로 변란이 일어나고 치욕을 당하는 것은 단시일 내에 벌어지는 것이 아닙니다. 그 이유를 깊이 성찰하여 반성하고 원인을 바로잡는다면 변란을 그치게 할 기회가 있을 것이고, 치욕을 씻을 날이 있을 것입니다. (……) 지금을 위한 계책으로는 상하가 굳게 결심하고 죽을힘을 다하여 부국강병을 도모하는 길밖에 없습니다. 나라가 정말로 부유해지고 군사가 정말로 강해지면 세계

의 각 나라들이 누가 감히 우리를 업신여기겠습니까? 비록 7년 된 병에 3년 묵은 쑥을 구한다는 말이 있지만, 일단 일을 시행한다면 공효를 거두지 못하는 경우란 없습니다.[36]

그동안 국가가 쇠약해지지 않도록 제대로 노력하지 못했고, 위기를 극복할 수 있는 힘도 미리 길러놓지 못했지만 지금부터라도 무언가를 해야 한다는 것이다. 새롭게 뜯은 쑥이 묵기까지 3년 동안 더 병을 앓아야 하고 그 과정에서 병이 더 악화될 수도 있겠지만, 3년만 버티면 어떻게든 약을 얻을 수 있기 때문이다. 그렇지 않고 그저 한탄하고 자포자기하다가는 끝내 죽음을 면할 수 없다.

　오늘날 인류문명의 진보와 과학기술의 눈부신 발전은 역설적으로 미래를 더욱 불확실하게 만들고 있다. 앞날을 예측하고자 노력하지만 변수는 갈수록 늘어나고 더 복잡해진다. 이러한 상황에 효과적으로 대응하는 길은 어떠한 조건이 주어져도 헤쳐나갈 수 있는 역량을 키우는 것뿐이다. '시나리오 플래닝'처럼 예상되는 시나리오를 마련하고 거기에 맞는 전략적인 대응 방안을 수립하는 것도 나름 효과적이겠지만, 나 자신을 키우고 강하게 만드는 일이 우선되어야 한다. 이는 개인이건 기업이건 국가건 마찬가지이다. 『손자병법』에 "적이 오지 않을 것이라 믿지 말고, 적이 언제 오더라도 내가 준비되어 있음을 믿어야 한다."라고 했다. 우리에게 어떤 미래가 닥칠지 아

---

36) 『고종실록』 43년 2월 12일

무도 모른다. 그러므로 어떤 미래가 오더라도 내가 준비되어 있어야 한다. 그러기 위해서는 멀리 내다보고 생각하는 것, 이러한 자세가 무엇보다 중요하다.

5

사랑한다면서
수고롭게 하지 않을 수 있겠는가?

세조실록과 성종실록 속의 논어 헌문 편

중국 송나라의 시인 소동파(蘇東坡)는 이런 말을 남겼다.

사랑하기만 하고 수고롭게 하지 않는다면 그것은 짐승이 자기 새끼를 사랑하는 것에 지나지 않는다. 정성을 다한다면서 깨우쳐주지 않는다면 그것은 궁녀나 환관이 바치는 순종에 지나지 않는다. 사랑하면서 수고롭게 할 줄 알아야 사랑이 깊은 것이며, 정성을 다하면서 깨우쳐줄 줄 알아야 생각하는 마음이 큰 것이다.[37]

사랑은 무조건 잘해주기만 하는 것이 아니다. 보호해주고, 챙겨주고, 편들어주고, 대신해주는 행동들은 자칫 의존심만 키워줄 뿐 그 사람을 망쳐버릴 수도 있다. 마찬가지로 누군가에게 정성을 다하려면 그 사람이 하고자 하는 대로 무조건 따라주어서는 안 된다. 잘못된 선택을 했을 때는 분명히 깨우쳐주고 바른 길로 이끌어야 한다. 공자가 던진 질문처럼 말이다. "사랑한다면서 수고롭게 하지 않을 수 있겠는가? 정성을 다한다면서 깨우쳐주지 않을 수 있겠는가?"[38]

이 대목은 실록에서도 자주 등장한다. 1464년(세조 10년) 세조는 다음과 같은 명을 내렸다.

세자가 이제 장성하였고 내가 가르칠 수 있는 것 또한 다 가르쳤다.

---

37) 『논어집주』, 「헌문(憲問)」 편의 주자 주석에 나온다. "蘇氏曰, 愛而勿勞, 禽犢之愛也. 忠而勿誨, 婦寺音蒔之忠也. 愛而知勞之, 則其爲愛也深矣, 忠而知誨之, 則其爲忠也大矣."
38) 『논어』, 「헌문」, "子曰, 愛之, 能勿勞乎? 忠焉, 能勿誨乎?"

그런데 세자가 궁궐 안에만 있다 보니 곁에 있는 사람이 모두 궁녀, 환관들뿐이다. 떠받들어지는 데 익숙하고 백성의 삶에 대해서는 알지 못한다. 일찍이 주공(周公)이 말하기를 "먼저 곡식 농사의 어려움을 알아야 한다."라고 하였고, 공자도 이르기를 "사랑한다면서 수고롭게 하지 않을 수 있겠는가? 정성을 다한다면서 깨우쳐주지 않을 수 있겠는가?"라고 하였다. 따라서 대군청(大君廳)[39] 북쪽에 집 한 채를 지어 세자로 하여금 거기에 나가 있도록 하여 선비들과 수시로 만나고 민간의 일도 알게 하려고 한다. 경들은 어찌 생각하는가?[40]

세조는 평소 직접 「훈사(訓辭)」 10장[41]을 지어 내릴 정도로 세자 교육에 관심이 많았다. 단순히 아버지여서가 아니다. 자신이 보위를 찬탈한 데다 맏아들도 요절했기 때문에, 왕권의 안정을 위해서는 강한 후계자가 필요했다. 그래서 세자(훗날 예종)가 훌륭한 임금이 될 수 있도록 단련시키고자 한 것이다.

성종의 사례는 이와 반대다. 성종은 세자(훗날 연산군)에게 관대했다. 성종 자신은 신하들이 건강을 생각해 경연을 쉬라고 건의할 정도로 철저한 모범생이었지만, 세자에게는 자주 휴식을 주었다. 한번은 날씨가 무덥다며 서연(書筵)[42]을 대폭 축소하라고 지시한 적이 있었는

---

39) 임금의 적자(嫡子)인 대군과 관련된 일을 처리하는 관청. 대군들이 모이는 사랑방 역할도 한다.

40) 『세조실록』 10년 3월 27일

41) 『세조실록』 4년 10월 8일

42) 세자가 유교 경전을 배우고 학문을 토론하는 자리

데, 신하들이 강하게 반대했다.

삼가 살피건대, 세자 저하의 나이가 아직 스무 살도 되지 않았으니 학문을 익히고 인격을 함양하는 공부를 잠시라도 중단해서는 안 됩니다. 요사이 더위가 심하다 하여 주강(畫講)과 석강(夕講)[43]을 멈추라고 지시하셨는데, 춘방(春坊)[44]과 사헌부에서 불가하다고 아뢰었으나 전하의 허락을 받지 못하였습니다. 물론 신 등은 전하께서 세자 저하를 아끼시는 마음에 혹시라도 세자가 더위를 먹어 건강을 잃게 될까 걱정하여 그렇게 하신 것임을 잘 알고 있습니다. 그러나 공자가 말하기를 "어려서 이룬 것은 천성(天性)과 같고, 습관은 자연과 같다."라고 하였습니다. 그러니 어찌 학문을 닦는 것을 잠시라도 중지할 수가 있겠습니까? 이것은 굳이 먼 옛날을 거울삼을 필요도 없습니다. 전하께서는 초년에 매일 세 번씩 경연에 나가시어 아무리 추운 겨울과 더운 여름이라 하더라도 중지하신 적이 없습니다. 전하의 학문이 높고 밝으신 까닭은 바로 그래서입니다. 지금 전하께서 세자를 사랑하시는 것은 자신의 몸을 사랑하시는 것보다 더합니다. 신 등은 적이 의아스럽습니다. 그 사랑하심이 원칙 없이 마음 내키는 대로 하고 계신 것은 아닌지요? 과연 덕(德)을 바탕으로 사랑하고 계신 것인지요? 공자가 말하기를 "사랑한다면서 수고롭게 하지 않을 수 있겠는가?"

---

43) 아침에 열리는 경연·서연을 조강(朝講), 낮에 열리는 것을 주강(畫講), 밤에 열리는 것을 석강(夕講)이라고 한다. 보통 하루 세 차례 열렸다.

44) 세자의 교육을 담당하는 기관

라고 하였습니다. 삼가 바라옵건대, 전하께서는 서연을 다시 처음과 같이 하도록 명하소서.[45]

세자를 정말로 사랑하고 장차 세자가 훌륭한 왕이 되길 바란다면 편하게 만들어주지만 말고 엄격하게 훈육해야 한다는 것이다.

하지만 성종은 신하들의 건의를 듣지 않는다. 성종은 "세자는 본래 기질이 허약한 데다 지금 또 더위병까지 앓고 있으므로 중지하라고 명한 것이다. 종친들도 여름철에는 방학을 하지 않는가?"라며 뜻을 철회하지 않았다. 신하들이 "세자의 공부는 종친과 다릅니다. 비록 더운 여름이라고 해도 중단해서는 안 됩니다."라고 반대했지만 요지부동이었다.[46]

요컨대, 세조는 자신이 먼저 나서서 "내가 세자를 사랑하니, 세자가 수고롭도록 만들겠다"며 실천했다. 이에 비해 성종은 그러질 못해서 "세자를 사랑한다면 수고롭게 만들어야 한다"는 요구를 받은 것이다. 예종은 임금으로서 명석한 자질을 보였고, 연산군은 폭군의 대명사로 남게 된 이유 중 하나를 여기에서 찾을 수 있지 않을까?

두번째 구절 "정성을 다한다면서 깨우쳐주지 않을 수 있겠는가?"도 그 의미는 같다. 여기서 "정성을 다한다"는 뜻으로 쓰인 한자는 '충(忠)'이다. 보통 '충' 자는 임금에 대한 신하의 도리, 즉 '충성'으로 해석된다. 예컨대 영조 때 서종섭이란 신하는 이 대목을 다음과 같

---

45) 『성종실록』 23년 6월 23일
46) 위와 같음.

이 풀이했다.

> "충성한다면서 깨우쳐주지 않을 수 있겠는가?"라는 말에서, 깨우쳐
> 주는 것이 바로 충성입니다. 신하가 임금을 섬기는 도리를 가지고 말
> 씀드려 보겠습니다. 군주의 잘못을 바로잡아 고치고 올바로 보필하
> 려는 마음을 갖지 않으면서, 오로지 명령을 받들어 지키는 일에만 신
> 경을 쓰고 아첨하기에 여념이 없다면 이를 어찌 충성이라고 할 수 있
> 겠습니까? 무릇 충성에는 그릇된 것과 바른 것이 있습니다. 보필하
> 여 잘못을 바로잡아 고치도록 하는 것이 바른 충성이고, 명령을 무
> 조건 받들어 지키며 아첨하는 것은 그릇된 충성입니다.[47]

그런데 서종섭의 말처럼 논어의 이 구절을 '충성'이라고 해석하게 되
면, 그 의미를 축소할 우려가 있다. '충'이란 원래 임금과 같은 명령권
자에게만 행하는 것이 아니다. 대상이 누구든지 간에 상대방에 대
한 공정하고 정성스러운 마음을 뜻한다. 그러므로 이 구절 역시 "충
성한다면"보다는 "정성을 다한다면", "진정으로 생각한다면", "충실
하자면" 등으로 해석하는 것이 낫다. 그렇게 되어야 앞 구절 "사랑한
다면서 수고롭게 하지 않을 수 있겠는가?"와도 의미상 하나로 연결
된다.

　흔히 사랑하는 자식일수록 더 강하게 키우고 아끼는 부하일수록

---

47) 『승정원일기』 영조 1년 1월 24일

더 엄하게 대해야 한다고 말한다. 벼랑 끝으로 자기 자식을 내몬다는 사자처럼은 아니더라도, 필요한 자질을 갖추며 올바르게 성장할 수 있도록 악역을 마다하지 말라는 것이다. 물론 말처럼 쉬운 일은 아니다. 사랑하는 감정이 객관적인 판단을 가로막기도 하고, 엄하게 대하다가도 혹시라도 감정이 상할까 봐 지레 물러서기도 한다. 이럴 때에는 내가 대상에게 바라고 있는 것이 무엇인지 되돌아볼 필요가 있다. 그 사람이 나에게 무엇을 해주길 바라는 것이 아니라 오직 그 사람이 보다 나은 사람이 되길 바라는 것이라면, 그 사람의 미래와 가능성을 염두에 두고 그 사람이 훌륭히 살아가길 원하는 것이라면, 그렇다면 주저하지 말고 "수고롭게 만들어야 한다." 그리고 "깨우쳐주어야 한다." 『논어』의 이 구절처럼 말이다.

6

사람이 나쁘다고 그가 하는 말까지
모두 버려서는 안 된다

명종실록, 효종실록, 현종실록 속의 논어 위령공 편

『대학』의 열번째 장에 이런 대목이 있다.

「진서(秦誓)」에 이르기를, 어떤 사람이 비록 특출한 능력은 없지만 마음이 진실하고 참으로 아름다워 다른 이들을 포용하는 도량을 갖추었다고 하자. 그는 다른 사람이 뛰어난 재주를 가지고 있으면 마치 자신이 가진 것처럼 좋아하고, 다른 사람들의 훌륭한 점을 마치 자신의 일처럼 칭찬하며 수용할 줄 안다. 이런 사람이 있다면 나라에 보탬이 되고 우리 백성과 후손들을 지켜줄 수 있을 것이다. 그러나 다른 사람이 가진 뛰어난 재주를 시기하고 질투하며, 다른 사람들의 훌륭한 점에 어깃장을 놓고 통용되지 못하도록 막는 사람이 있다면 어떻게 될까? 나라는 분명 위태로워지고 백성과 후손들도 지켜주지 못하게 될 것이다.[48]

여기서 「진서」란 원래 『서경(書經)』에 수록되어 있는 글이다. 진(秦)나라의 군주 목공(穆公)이 진(晉)나라와의 전쟁에서 패배한 후, 실패를 반성하고 앞으로 좋은 정치를 펼쳐가겠다고 다짐하는 내용이다. 그런데 공자가 이 목공의 말을 『서경』에 수록하고, 증자(曾子)가 다시 이를 『대학』에 소개한 것에 대해 의문을 갖는 사람들이 있었다. 목

---

48) 『대학』, "秦誓曰, 若有一个臣, 斷斷兮, 無他技, 其心休休焉, 其如有容焉. 人之有技, 若己有之, 人之彦聖, 其心好之, 不啻若自其口出, 寔能容之, 以能保我子孫黎民, 尙亦有利哉! 人之有技, 媢疾以惡之, 人之彦聖而違之, 俾不通, 寔不能容, 以不能保我子孫黎民, 亦曰殆哉!"

6. 사람이 나쁘다고 그가 하는 말까지 모두 버려서는 안 된다

공이 백리해(百里奚)[49]와 같은 인재들을 등용하여 부국강병을 이루긴 했지만 후대의 왕들이 모범으로 삼을 만한 임금은 아니었기 때문이다. 그는 간언을 무시하고 이익을 탐하여 전쟁을 일으키는 등, 적지 않은 과오를 저질렀다.

명종 때의 저명한 학자 주세붕(周世鵬, 1495~1554)[50]도 이 문제를 거론한다.

신이『대학』을 읽다가 유독「진서」를 아흔일곱 자나 길게 인용한 것을 보고 '이 말이 뭐가 중요하다고 이렇게 했을까?' 하고 생각한 적이 있습니다. 아시다시피 목공은 '서쪽 오랑캐[西戎]'의 임금으로 그의 말은 이제삼왕(二帝三王)[51]과 같은 성군(聖君)들에 비할 바가 못 됩니다. 그런데도 공자께서는 어째서 이를『서경』에 넣으신 것일까요? (……)「진서」는 넉넉하고 포용하며 선(善)을 즐기는 군자의 도량과 시샘하고 미워하며 선을 싫어하는 소인의 태도를 극명하게 말해주고 있습니다. 목공에게 선하지 못한 점이 있는데도 불구하고 공자께서 그의 말을 취하신 까닭은 그 말만큼은 매우 선하기 때문입니다. 말한 사람이 선하지 못하다는 이유로 그 사람이 한 선한 말까지 버릴 수는 없었던 것입

---

49) 진나라의 재상으로, 일흔의 나이에 등용되어 진나라를 부강하게 만든 정치가다.

50) 풍기군수로 근무하던 시절, 우리 나라 최초의 서원인 '백운동서원(白雲洞書院)'을 건립했다. 이 서원은 훗날 왕으로부터 '소수서원(紹修書院)'이라는 이름을 하사받는다.

51) 유교에서 성군으로 추앙하는 임금들로 '이제'는 요(堯)임금과 순(舜)임금, '삼왕'은 하(夏)나라의 우왕(禹王), 은(殷)나라의 탕왕(湯王), 주(周)나라의 문왕(文王)과 무왕(武王)을 가리킨다. 문왕과 무왕은 하나로 간주해서 '삼왕'이 된다.

니다. 만약 목공이 자기가 말한 대로 실천하였다면 그의 통치가 얼마나 훌륭했겠습니까! 이 점 또한 전하께서 깊이 유념하셔야 합니다.[52]

「진서」에 담긴 내용은 임금이 나라를 다스릴 때 반드시 명심해야 할 도리다. 목공이 부족한 임금이라고 해서 이 말까지 흘려보내서는 안 된다. 좋은 말인지의 여부는 그 말을 누가 했느냐와는 상관이 없기 때문이다. 말 자체의 취지에 주목하고 그 말이 주는 교훈을 되새기면 되는 것이다. 공자가 목공의 말을 『서경』에 남겨둔 것 역시 그래서이다.

이 같은 공자의 뜻은 『논어』 「위령공」 편의 "군자는 말만 가지고서 사람을 쓰지 않고, 사람만 가지고서 말을 버리지 않는다."[53]라는 구절에서 더욱 분명하게 드러난다. 훌륭하고 좋은 말을 했다고 하여 그 사람 또한 훌륭한 사람일 거라는 보장은 없다. 부족하고 좋지 못한 사람이라고 하여 그의 말이 전부 가치가 없는 것은 아니다. 그러므로 어떤 사람이 내 마음에 들지 않는다고 해서 그 사람의 말까지 소홀히 여기게 되면, 나에게 도움이 되는 소중한 말들을 놓쳐버리게 된다는 것이 공자의 생각이다.

하지만 안타깝게도 대부분의 사람들은 그렇지 못하다. 같은 말이라도 그 말을 한 사람이 누구냐에 따라 다르게 받아들인다. 내 마음에 드는 사람이면 불편한 말이라도 경청하고, 내 마음에 들지 않

---

52) 『명종실록』 2년 2월 7일
53) 『논어』, 「위령공」, "子曰, 君子, 不以言擧人, 不以人廢言."

는 사람이면 좋은 말이라도 고깝게 듣는 것이다. 이뿐만이 아니다. 학력이나 지위가 자신보다 높은 사람의 말은 존중하면서 자신보다 낮은 사람의 말은 무시하는 경우를 우리는 쉽게 찾아볼 수가 있다.

조선 현종 때로 가보자. 어전회의에 풍기군수 어상준이 올린 상소가 의제로 올라왔다. 임금이 내용을 검토하여 처리하라고 지시하자, 영의정 정태화는 "상준은 사람됨이 부족해서 취할 만한 말을 할 수가 없는 자입니다."라고 아뢰었다. 보나마나 쓸데없는 말만 했을 것이므로 논의할 필요조차 없다는 것이다. 좌의정 허적도 "상준은 인물과 문장 모두 취할 만한 것이 없습니다."라며 동조했다. 어상준의 인품과 능력이 모두 변변치 못하니 그가 올린 상소문도 수준 미달일 것이라고 지레 판단한 것이다.

그러자 이조참판으로 있던 민정중이 『논어』를 인용하며 반박했다. "사람이 못났다고 하여 그 말까지 버려서는 안 된다고 했습니다. 상준이 한 말이라도 그것이 진정으로 좋은 말이라면 어찌 소홀할 수 있겠나이까."[54] 그 사람의 수준 때문에, 그 사람에 대한 선입관 때문에, 그 사람의 말을 제대로 헤아려보지도 않고 폐기해서는 안 된다. 이는 그 사람에 대한 예의도 아닐뿐더러 그 사람의 말이 가져다줄지도 모를 긍정적인 변화를 시작도 하지 않고 차단해버리는 것이다. 더욱이 이러한 태도가 일상이 되어버리면 많은 말들이 그대로 사장되어버린다. 백성들의 생각, 아랫사람의 의견이 위로 전달되기 힘들

54) 『현종실록』 9년 7월 27일

어진다. 지위가 낮고 지식이 부족한 사람의 말이라며 아예 귀를 기울이지도 않을 것이니 말이다. 이어지는 사례도 비슷하다.

1657년(효종 8년) 4월, 경연 석상에서 시독관 이만웅은 임금에게 다음과 같이 진언했다.

> 요즘 사람들은 '혹 진언을 하더라도 전하께서 당파적 입장이 아닌지 의심하고, 정직한 체한다고 의심하며, 질책하는 교서를 내려 꺾어버리고 억눌러버리니 아예 말하지 않는 것이 낫다.'라고 생각합니다. (······) 물론 사람들 중에는 겉으로만 정직한 체하는 이들이 있습니다. 그 마음이야 매우 가증스럽지만 그렇다 하더라도 그들의 말이 무조건 폐기할 만한 것이겠습니까? 어찌 취할 만한 말이 하나도 없겠습니까? 부디 전하께서는 불순하다고 지레 단정하며 신하들의 기를 꺾지 마옵소서. 옛사람이 "사람만 보고 말을 버리지 말라."라고 하셨던 것도 이 때문입니다.[55]

함부로 단정하여 말을 취사선택하지 말고, 설령 정말로 나쁜 의도를 가진 사람의 말이라 할지라도 배우고 취할 만한 점을 놓치지 말라는 것이다.

요컨대 말의 가치, 말의 득실은 누가 말했느냐가 아니라 그 말 자체가 갖고 있는 뜻과 의미에 있다. 사람을 가려 말을 차단하고, 이러

---

55) 『효종실록』 8년 4월 29일

저러한 이유로 그 사람의 말에 귀를 닫다 보면 소중한 수많은 말들이 그냥 버려지게 된다. 내가 성장할 수 있는 가능성이 그만큼 줄어드는 것이다. 이는 비단 리더뿐 아니라 개개인에게도 매우 중요하다. 내가 누구의 말이라도 소중히 대한다면 사람들은 너도나도 많은 이야기를 해줄 것이다. 내가 싫어하고 꺼리는 사람의 말까지 허투루 넘기지 않는다면 사람들은 직설적인 조언과 비판, 입바른 말을 가감 없이 해줄 것이다. 거기서 좋은 말을 골라 반성하고, 나를 위한 자양분으로 삼으면 되는 것이다. "사람만 보고서 말을 버리지 않는다."라는 공자의 교훈이 바로 여기에 있다고 생각한다.

7

좋은 인재를 등용해야
민심의 지지를 얻는다

광해군일기, 영조실록, 정조실록 속의 논어 위정 편

1623년(광해군 15년) 3월 13일, 조선에서는 두번째 반정(反正)이 일어났다. 인륜을 무너뜨리고 명나라와의 의리를 저버렸다는 죄목으로 광해군이 폐위당하면서, 나라는 일대 혼란에 빠졌다. 대놓고 폭정을 감행했던 연산군과 달리 광해군의 '죄'는 대부분 백성의 삶과 직접 관련이 없는 것들이었다. 따라서 그를 동정하는 여론이 만만치 않았고, 반정은 지배계층의 권력 다툼일 뿐이라는 인식도 팽배했다.

그런데 사흘 후, 새로 영의정에 임명된 이원익(李元翼, 1547~1634)이 한양 도성 문을 들어서자 민심은 빠르게 안정을 찾기 시작했다. 그가 "입성하던 날 도성 백성들은 모두 머리를 조아리며 그를 맞이했다."[56] 백성들은 "이원익이 지지한 반정이니 옳을 것이고", "이원익이 재상이 되었으니 이제 좋은 정치가 펼쳐지리라"고 기대하며 인조 정권 지지로 돌아섰다.

이처럼 훌륭한 인재는 비록 한 사람에 불과할지라도 공동체의 여론을 좌우하고 구성원들을 움직일 수 있는 힘을 가지고 있다. 오늘날 누가 최고경영자가 되느냐에 따라 그 회사의 주가가 오르고, 누가 경제정책의 수장을 맡느냐에 따라 시장의 반응이 다르게 나타나는 것도 같은 맥락이다. 『논어』 「위정(爲政)」 편에 나오는 공자의 말은 이를 단적으로 보여주는데, 송나라 애공(哀公)이 "어떻게 해야 백성이 복종하도록 만들 수 있습니까?"라고 묻자 공자는 "곧은 사람을 들여 쓰고 굽은 사람을 버리면 백성이 복종하고, 굽은 사람을 들여 쓰

---

56) 『인조실록』 즉위년, 3월 16일

7. 좋은 인재를 등용해야 민심의 지지를 얻는다

고 곧은 사람을 버리면 백성이 불복합니다."라고 대답했다.[57]

일반적으로 임금이 국가를 통치하고 최고경영자가 기업을 경영하는 과정은 강제를 수반하게 마련이다. 구성원의 이익과 공동체의 목표 달성을 위해 위에서 지시와 명령을 내리면 아래에서는 그것을 따라 이행해야 한다. 이때 강제성을 지닌 '지시와 명령'이 정당화되고 효과를 발휘하려면 구성원들의 자발적인 복종을 이끌어낼 수 있는 권위가 필요하다. 인재는 바로 그 권위를 만들어주는 중요한 요소가 된다. '훌륭한 인재'가 내리는 판단과 결정은 구성원들로부터 쉽게 지지를 받곤 하는데, 이는 해당 업무의 최적임자라는 위상과 함께 그가 평소에 축적해놓은 신뢰자본(trust capital)에 기인한다. 리더는 이것을 활용하여 여론의 지지를 얻는 것이다. 그뿐만이 아니다. 인재는 리더의 수준을 확인해볼 수 있는 가늠자가 되기도 한다. 인재를 취사선택하는 리더의 안목을 보면서 그가 과연 구성원들을 이끌고 공동체를 경영할 만한 자질을 갖추고 있는지 평가해볼 수 있는 것이다.

조선 중기의 학자 정경세(鄭經世, 1563~1633)가 광해군에게 올린 상소를 살펴보자.

백성들이 임금 마음속의 사악함과 바름, 공(公)과 사(私)를 직접 알
순 없지만, 이처럼 사람을 쓰고 버리는 것을 살펴 관찰하게 되면 그

---

57) 『논어』, 「위정」, "哀公問曰, 何為則民服? 孔子對曰, 擧直錯諸枉則民服, 擧枉錯諸直則民不服."

속마음을 환하게 볼 수 있습니다. 어리석은 듯하나 지극히 신묘한 백성들은 항상 이것으로써 임금을 따르거나 아니면 돌아서는 것입니다. 아, 성인의 말은 참으로 지극합니다. 선한 것은 모든 사람들이 똑같이 좋아하는 것이고 악한 것은 모든 사람들이 똑같이 미워하는 것이니, 임금이 참으로 바르게 좋아하고 미워하며, 공평하게 취하고 버린다면 어느 누가 감응하고 기뻐하며 자신이 귀의할 곳으로 삼지 않겠습니까? 이렇게 인재를 쓰고 물리치는 것이 북채로 북을 치는 것보다 더 신속하게 백성들의 마음을 감응시키는 법이니, 백성들의 마음이 복종하고 나면 모든 법령과 금령이 임금이 시키는 대로 시행될 것입니다. 그리되면 위태로운 것을 편안하게 할 수 있고 약한 것을 강하게 할 수 있으므로 천하에 어려운 일이 없을 것입니다. 만약 그렇게 하지 않고 다른 사람들이 미워하는 것을 좋아하고 다른 사람들이 좋아하는 것을 미워하기라도 한다면, 화를 내고 흩어져버리는 백성들을 어떻게 위엄으로 제어하고 힘으로 붙들 수 있겠습니까?[58]

백성이 임금의 수준과 생각을 바로 파악할 수는 없다. 하지만 임금이 어떤 사람을 선호하고 배척하는지를 보면 그가 어떠한 사람인지를 판단할 수 있을 것이다. 정경세는 백성들이 이것을 가지고 임금에게 복종할 것인지 불복한 것인지를 결정한다고 생각했다. 그러므로 항상 공정하고 객관적으로 좋은 인재를 등용해야 백성의 지지를

---

58) 『광해군일기』 즉위년 5월 2일

얻을 수 있다는 것이다.

영조 때 나학천(羅學川)도 비슷한 발언을 했다.

임금이 사람을 쓰거나 버릴 적에 굽은 사람과 곧은 사람을 잘못 구분한다고 해도 그것이 민심의 향배와는 직접 관련이 없을 것 같은데, 공자께서는 이에 따라 민심이 복종하고 불복하는 것이 결정된다고 하셨으니 무슨 까닭이겠습니까? 대개 선을 좋아하고 악을 싫어함은 사람들이 타고난 본성입니다. 선은 사람들의 마음이 다 같이 좋아하는 바이고, 악은 사람들의 마음이 다 같이 싫어하는 바입니다. 따라서 임금이 싫어하는 바와 좋아하는 바가 뭇사람들의 마음과 같으면, 굳이 민심이 복종하기를 꾀하지 않아도 자연스레 복종하는 법입니다. 임금이 사람을 쓰거나 버림이 백성들의 정서에 거슬리면 백성들은 저절로 불쾌하게 될 것이니 이는 당연한 천리(天理)이고 필연입니다.[59]

물론 이 말이 리더가 무조건 다수 대중의 의견을 따라야 한다는 뜻은 아니다. 리더가 어떤 인재를 등용하느냐를 보면 리더가 올바른 비전을 가지고 있는지, 구성원과 제대로 소통하고 있는지를 확인할 수 있다는 것이다. 따라서 리더 스스로도 내가 구성원들이 공감하고 동의할 수 있는 인재를 찾아 발탁했는지, 혹시라도 주관적이고 사사로운 욕심에 따라 내 기호에 맞는 사람만을 선호하고 있는 것

---

59) 『영조실록』 6년 1월 12일

은 아닌지를 반성하라는 것이다.

여기에 대해 정조 때 '작은 퇴계(小退溪)'로 불렸던 이상정(李象靖, 1711~1781)은 다음과 같이 부연했다.

곧은 것과 굽은 것은 서로 그 길이 달라서 함께 뒤섞임을 용납하지 않습니다. 예컨대, 청렴한 사람을 상 주면서 탐욕스러운 자를 물리치지 않는다면 청렴한 사람이 수치스러운 마음을 지니게 되고, 충성스러운 사람을 기용하면서 아첨하는 사람을 멀리하지 않는다면 충성스러운 사람이 자취를 감추게 되는 것입니다. 더욱이 임금이 도리에 어긋나게 좋아하고 싫어하는 것을 취한다면, 탐욕스럽고 아첨하는 자들을 충성스럽고 청렴한 사람이라고 여기게 되고, 옳고 그름이 뒤집혀 사람을 취하고 버리는 일이 어긋나게 될 것입니다. 그러면 나라는 혼란에 빠지고 멸망에 이르게 됩니다.[60]

리더가 바르고 훌륭한 인재와 그렇지 못한 함량 미달인 사람들을 명확하게 구분하지 않고, 원칙과 도리에 맞게 이들을 등용 또는 배척하지 못한다면 결국 좋은 인재들이 떠나버리고 만다는 것이다. 게다가 임금이 간신을 충신이라 생각하고, 소인배를 뛰어난 인재라 여긴다면 이는 임금 개인의 잘잘못을 넘어 공동체의 존망까지 뒤흔들게 된다.

---

60) 『정조실록』 5년 7월 3일

무릇 인재는 공동체 전체를 위해서나 리더 개인을 위해서나 반드시 필요한 존재이다. 그런데 현실에서는 인재의 자질과 역량보다는 얼마나 리더에게 잘 순종하고 부합하는지를 등용의 기준으로 삼는 경우가 많다. 이러한 리더의 인사(人事)는 당장은 자신의 뜻대로 행사될지 몰라도 이내 민심의 지지를 상실하고 구성원들의 외면을 받게 된다. 공동체의 힘을 결집하는 일도 불가능해진다. "곧은 사람은 들여 쓰고 굽은 사람은 버려라."라는 공자의 말이 주는 준엄한 교훈이 여기에 있다.

8

몸가짐이 흐트러지기 전에
술 마시기를 멈춘다

효종실록과 숙종실록 속의 논어 향당 편

술이 가져다주는 해독(害毒)은 참으로 크다. 어디 곡식을 썩히고 재물을 허비하는 일뿐이겠는가? 술은 안으로는 사람의 마음과 의지를 상하게 하고 밖으로는 몸가짐을 흐트러지게 만든다. 술 때문에 부모를 봉양하지 않고 술로 인해 남녀의 분별이 문란해지니, 그 해악은 크게는 나라와 가정을 망하게 만들며 작게는 성품을 파괴하고 생명을 상실케 한다. 술로 인해 윤리가 더럽혀지고 풍속이 퇴폐해지는 예는 이루 다 열거할 수 없다.[61]

1433년(세종 15년) 10월 28일, 세종은 술의 폐해를 경계하는 교서를 지어 공표했다. 사람들이 술에 중독되어 자신이 해야 할 일을 하지 않고 정신과 건강을 해치며, 나아가 사회 기강까지 무너뜨리는 등 그 피해가 심각하다는 인식에서였다. 더욱이 세종은 평소 아끼는 신하들이 술로 인해 자신을 망가뜨리고 있다며 매우 안타까워했다. 예를 들어 윤회(尹淮, 1380~1436)에게는 "경이 술을 마시다가 도에 지나친 것이 한두 차례가 아니었고, 내가 경에게 술을 많이 마시지 말라고 했던 것도 한두 번이 아니었다. (……) 자기 주량을 생각하며 몇잔 마시는 데 그쳤다면 어찌 그토록 정신을 잃고 체면을 상하는 지경에까지 이르렀겠는가. 부디 이제부터는 지나치게 마시지 말라. 따르지 않는다면 죄를 물을 것이다."라고 당부하며 "술을 삼가라는 명령에 따르기가 대체 무에 그리 어렵단 말인가? 도리를 알 만한 선비

61) 『세종실록』 15년 10월 28일

8. 몸가짐이 흐트러지기 전에 술 마시기를 멈춘다

도 이러하니 무식한 소인의 무리야 더 말할 나위도 없겠구나!"라며 탄식한 적이 있다.[62]

세종은 술을 삼가는 일이 뭐가 어렵냐고 말하지만 술을 마시는 사람에게 그것은 사실 만만치 않은 과제다. 17세기의 학자 포저(浦渚) 조익(趙翼, 1579~1655)이 쓴 글을 보자.

술이 반쯤 거나해지고 나면 계속 마시고 싶은 마음이 더욱 절실해져서 자제할 수가 없게 된다. 이것이 술만 들어가면 꼭 곤드레만드레 취하는 이유이다. 대개 술에 취하여 얼근해지면 기분은 화창하지만 마음은 혼미해진다. 본래 술을 좋아하는 터에 화창하기까지 하니 기쁨이 갈수록 깊어져 더욱 간절히 마시고 싶은 것이요, 이에 따라 마음은 혼미해져 평소에 경계하고 삼가던 마음을 완전히 망각한다.[63]

일단 술이 들어가면 어느새 술에 취해 통제력을 잃게 된다는 것이다.

이와 관련하여 『논어』 「향당(鄕黨)」 편에는 흥미로운 구절이 나온다. 공자는 "술의 양에 한정이 없었지만 흐트러지는 지경에 이르지 않았다."[64]라는 대목이다. 이를 두고 공자의 주량이 대단해서 아무리 마셔도 취하지 않았다는 식으로 이해하기도 하는데, 그보다 공

---

62) 『세종실록』 12년 12월 22일

63) 『포저집』 23권, 「不爲酒困說」, "酒半酣以後, 欲更飮甚切, 不能自制, 所以必至泥醉也. 蓋酣則其氣和暢, 而其心則昏. 其味本所喜也, 至於和暢, 則其喜益深, 故欲之益切而其心昏, 故平日戒謹之意, 都忘之矣."

64) 『논어』, 「향당」, "唯酒無量, 不及亂."

자는 술을 몇 잔 마시겠다고 미리 양을 한정해놓지 않되, 몸가짐이 흐트러지기 전에 마시기를 멈췄다라고 보는 것이 알맞을 것이다.

이 구절은 실록에서도 자주 인용된다. 효종은 다음과 같이 말했다.

> **요즘 젊은 신하들은 거리낌 없이 술을 잘 마셔야 칭찬하고, 술을 마시지 않는 사람은 비웃는다고 들었다. 참으로 놀라운 일이다. 술의 양에 한정이 없어도 취해 흐트러지지 않음은 공자 같은 성인(聖人)이나 가능한 것이다. 보통 사람은 한번 술잔을 들면 반드시 어지러운 지경에 이를 때까지 마셔대니, 반드시 삼갈 줄 알아야 한다. 평소에 술을 즐기더라도 마음으로 굳게 결심한다면 술을 끊는 일이 뭐가 어렵겠는가! 내가 세자가 된 다음부터 술을 전혀 가까이하지 않았는데, 세월이 지나고 나니 술 생각이 저절로 없어졌다. 이를 보면 술을 끊는 것은 결코 어려운 일이 아니다.[65]**

흔히들 공자처럼 술을 마셔도 어지러운 지경에 이르지 않을 자신이 있다고 생각하지만, 그것은 보통 사람들이 해낼 수 있는 경지가 아니니 아예 술을 끊으라는 것이다.

이로부터 몇 년이 지난 뒤, 효종은 송시열로부터 아직도 변함없이 술을 끊고 있느냐는 질문을 받았다. 효종이 그렇다고 하자 송시열은 그 마음은 순식간에 흐트러지기 쉬운 것이니 계속 경계하고 삼가

---

65) 『효종실록』 3년 8월 19일

라고 진언했다. 술이란 중독성이 매우 강해 설령 끊은 지 오래되었다고 하더라도 결코 방심해서는 안 된다는 것이다.[66] 숙종도 논어의 구절을 인용하며, 예나 지금이나 가산을 탕진하고 몸을 망치는 것은 모두 술 때문이니 깊이 경계해야 한다고 강조했다.[67]

그런데 이러한 분위기는 정조에 오면서 달라진다. 정조는 술에 취해 궁궐 담 아래에서 잠을 자다가 통행금지 위반으로 체포된 선비에게 이렇게 말했다. "근래에 조정의 신하건 유생이건 주량이 너무 적어서 술의 풍류가 있다는 말을 듣지 못하였다. 하지만 이 유생은 술의 멋을 알고 있으니 매우 가상하다. 술값으로 쌀 한 포대를 내려 주도록 하라."[68] 임금이 나서서 음주를 권장하고 있는 것이다.

물론 정조도 공자의 가르침에서 벗어나지는 않는다. 정조는 다음과 같이 말하기도 했다.

소위 주량이 세다고 자처하는 자가 술에 의해 부림을 당하여 절주(節酒)를 하고자 하면서도 하지 못하니, 참으로 가소로운 일 중에서도 심한 경우가 아닌가! 절주를 해야 할 때는 비록 반 잔의 술이라도 입에 대지 말아야 하고, 술을 마셔야 할 때는 마치 고래가 바닷물을 들이켜 마시듯 해야 한다. 이 정도는 되어야 비로소 주량이 있다고 말할 수 있는 것이다. 공자께서 술의 양을 한정하지 않았다고 하셨으니, 여기서

---

66) 『효종실록』 9년 11월 21일
67) 『숙종실록』 9년 9월 2일
68) 『정조실록』 20년 4월 12일

한정이 없는 술이라는 것은 곧 술을 한정 있게 마신다는 뜻이다.[69]

정조가 생각하기에 술을 아예 마시지 못하는 것도, 술에 취해 흐트러지는 것도 둘 다 좋지 못하다. 술을 마시지 말아야 할 때는 결단코 마시지 않고, 마셔야 할 때는 마음껏 가득 마시며 스스로를 절제할 수 있으면 되는 것이다. 그는 『논어』의 교훈 역시 여기에 있다고 보았다.

요컨대, 술을 무조건 금지할 필요는 없다. 세종도 인정했던 것처럼, 제사를 지내거나 손님과 친구를 접대할 때, 어른을 섬길 때 술이 없어서는 안 된다. 술은 인간관계의 윤활유가 되고 건강을 위한 약이 되기도 한다. 문제는 술을 지나치게 마시는 것이고, 이로 인해 자신을 제대로 통제하지 못하는 것이다. 흔히 술에 취해 부적절한 말이나 행동을 하다가 논란이 된 사람들은 술 때문에 정신이 없어서 그랬다, 취해서 기억이 나지 않는다고 핑계를 댄다. 하지만 설령 그렇다고 해도 잘못이 용서되는 것은 아니다. 스스로 제어하지도 못할 술을 마신 책임이 있는 것이다. 즉, 술은 적절한 순간에 그쳐야 한다. 미리 몇 잔만 마시겠다고 정해놓을 것까진 없겠지만, 몸가짐이 흐트러지고 정신이 멍해지겠다 싶으면 바로 멈춰야 한다. 그래야 마시는 사람도 기분 좋게 마실 수 있고, 술도 긍정적인 역할을 할 수 있다.

---

69) 『홍재전서』 178권

8. 몸가짐이 흐트러지기 전에 술 마시기를 멈춘다

9

열 집이 사는 작은 고을에도
인재는 있다

세종실록과 정조실록 속의 논어 공야장 편

'인재전쟁'이라는 단어가 일상용어가 되었을 정도로 인재의 중요성에 대해서는 누구나 잘 알고 있다. 어떤 사업을 추진하기 위해서는 재원이 준비되어야 하고 관련 규정, 시스템도 뒷받침되어야겠지만 무엇보다 그 일을 훌륭히 기획하고, 진행하고, 실현시킬 사람이 필요하다. 그래서 세종도 "정치를 함에 있어서 인재를 얻는 것이 가장 급선무이니, 직무에 적임자인 관원을 선발한다면 모든 일이 다 잘 다스려진다."라고 말한 것이다.[70]

문제는 과연 그러한 인재가 누구고, 또 그러한 인재는 어디에서 찾을 수 있느냐는 것이다. 우리는 훌륭한 인재를 발견했다고 기뻐하기보다는 "사람이 없다", "인재를 찾기 힘들다"고 탄식하는 일에 익숙하다. 적임자를 자리에 앉히고 싶어도 그 일을 맡을 만한 사람이 보이지 않는다며 하소연한다. 정말 적당한 인재가 없어서일까?

공자는 『논어』의 「공야장(公冶長)」 편에서 "열 집이 사는 작은 고을에도 반드시 충직하고 신의가 있는 자가 있다."[71]라고 하였다. 인재는 어디에든 존재한다는 것이다. 그럼에도 인재가 없다고 말하는 것은 "자신의 편견에 갇혀 있기 때문"이다. 정조 때 우참찬 황경언은 "열 집밖에 안 되는 고을에도 반드시 충직하고 신의가 있는 사람이 있는데, 하물며 왕의 땅이 천 리인 조선이야 두말할 것이 있겠습니까? 그런데도 전하께서 보위에 오르신 후로 아직 어진 선비를 한 사

---

70) 『세종실록』 5년 11월 25일
71) 『논어』, 「공야장」, "十室之邑, 必有忠信."

　　　　　　　　9. 열 집이 사는 작은 고을에도 인재는 있다

람이라도 초빙했다는 말을 듣지 못했으니 참으로 개탄스럽습니다."[72]
라며, 이는 왕이 자기 마음에 드는 사람만 찾으려 했기 때문이라고
지적했다.

다음으로, 인재가 없는 두번째 이유는 인재를 찾고자 진심으로 노
력하지 않아서이다. 세종은 "언제나 인재는 있어왔지만 다만 몰라서
쓰지 못하는 것이다."라고 하였다.[73] 그는 공자의 말을 인용하며 "대
저 열 집이 사는 작은 고을에도 반드시 충직하고 신실한 사람이 있
는 법이거늘, 하물며 온 나라 안에 어찌 사람이 없음을 걱정할 것
인가. 다만 구하기를 정성껏 못 하고 천거하기를 조심하지 않았는지
각별히 유념해야 한다."라고 강조했다.[74] 좋은 인재를 찾기 위해서는
항상 진심과 정성을 다해야 한다는 것이다. 이는 국가를 위해서 뿐
만 아니라 임금 자신을 위한 일이기도 하다. 성종은 "옛날부터 제왕
은 어진 신하를 구하기 위해 수고로웠으니, 어진 사람을 얻어야 비
로소 편안해질 수 있다."[75]라고 말했다. 좋은 인재를 찾아 적재적소
에 배치하고 나면 임금이 받는 스트레스와 업무량도 그만큼 줄어들
기 때문이다.

하지만 좋은 인재를 가려낸다는 것은 언제나 만만치 않은 일이다.
선발하는 사람의 안목도 깊어야 하고 인재의 능력과 품성을 제대로

---

72) 『정조실록』 1년 1월 11일
73) 『세종실록』 20년 4월 28일
74) 『세종실록』 20년 3월 12일
75) 『성종실록』 15년 11월 10일

살필 수 있는 시간도 충분해야 한다. 더욱이 국정을 운영하는 데는 인재가 무수히 많이 필요하다. 임금 혼자서 수많은 사람들을 모두 관찰하고 평가하기란 현실적으로 불가능하다. 조선에서 인재 선발을 담당하는 기관인 전조(銓曹)[76]를 설치하고, 인사 전문가인 전관(銓官)을 양성한 이유이다. 인재 추천을 담당하는 '거주(擧主)'라는 직책도 있었는데, 공식적인 관직은 아니었지만 인재를 가려내는 눈이 뛰어난 사람을 임명했다.

그런데 전관이나 거주가 관련 업무를 위임받아 임금을 보좌한다고 해도 인재 선발에 대한 임금의 책임이 줄어드는 것은 아니다. 임금은 군자와 소인을 구별하고, 능력 있는 사람을 발탁하며, 현인을 우대하는 모범을 보여야 한다. 그래야 전관들도 이를 본받아 좋은 인재를 찾아내 등용하고자 애쓸 것이기 때문이다. 그렇다면 임금은 어떤 자세로 인재를 살펴야 할까?

맹자는 『맹자』 「양혜왕하(梁惠王下)」 편에서 이렇게 말했다.

좌우의 신하들이 모두 그를 어질다고 말하더라도 가하다 여기지 말고, 여러 대부들이 모두 그를 어질다 말하더라도 가하다 여기지 말고, 나라 안의 모든 사람들이 어질다고 말한 연후에야 그를 살펴보아서, 직접 어짊을 확인한 후에 등용하시옵소서. 마찬가지로 좌우의 신

---

76) 인사 담당 부서를 저울질한다는 뜻의 '전(銓)'조라고 부른 것은, 인재 선발이 저울과 같은 고도의 균형감을 가져야 하는 것이기 때문이다. 조선에서 전조는 문관의 인사를 담당하는 이조, 무관의 인사를 담당하는 병조를 가리킨다.

9. 열 집이 사는 작은 고을에도 인재는 있다

하늘이 모두 그를 불가하다고 하더라도 듣지 말고, 여러 대부들이 모두 불가하다 하더라도 듣지 말고, 나라 안의 모든 사람들이 불가하다고 말한 연후에야 그를 살펴보아서 직접 불가한 점을 확인한 후에 버리옵소서.[77]

몇몇 사람의 의견만 가지고 그 사람을 섣부르게 판단하지 말 것이며, 대다수의 생각이 합치되더라도 자신이 직접 확인한 후에 결정하라는 것이다. 이 말이 신하들의 의견을 들을 필요가 없다는 뜻은 아니다. 인재는 반드시 모든 백성들이 다 좋다고 여기는 사람 중에서만 뽑아야 한다거나, 간신이라도 모든 사람들이 다 불가하다고 말할 때까지 내치지 말아야 한다는 의미도 아니다. 좌우의 신하나 여러 대부들의 말만 듣고 결정하지 말라는 것은, 인재 선발이 주관과 사사로움에서 탈피하여 공정하고도 객관적으로 이루어져야 함을 뜻한다. 나라 안의 모든 사람들이 동의한다고 해도 바로 따르지 말고 왕이 직접 확인하라는 것은, 여론, 인기, 명성 등이 자칫 그 사람의 진면모를 왜곡하는 경우가 있기 때문이다. 이러한 점들을 명심해야 비로소 참다운 인재를 찾아낼 수 있다.

자, 그러면 이것으로 끝난 것일까? 인재를 발견하더라도 그 인재를 제대로 활용하지 못한다면 아무런 소용이 없을 것이다. 요즘에도 보

---

77) 『맹자』, 「양혜왕하」, "左右皆曰賢, 未可也, 諸大夫皆曰賢, 未可也, 國人皆曰賢, 然後察之, 見賢焉然後用之. 左右皆曰不可, 勿聽, 諸大夫皆曰不可, 勿聽, 國人皆曰不可, 然後察之, 見不可焉然後去之."

면 일을 가장 잘 해낼 수 있는 사람인데 인사 규정을 충족하지 못해서 탈락하고, 업무 능력과 성과가 탁월한데 연공서열에 밀려 승진에서 누락되는 경우가 많다. 이런 곳에서 인재는 결코 자신의 능력을 최대치로 끌어내지 못한다. 아니 끌어내지 않는다. 따라서 좋은 인재를 찾아냈다면 다른 것은 따지지 말고 알맞은 자리에 배치하여 마음껏 능력을 발휘할 수 있도록 해주어야 한다. 성종이 인재를 뽑을 때 "자격에 구애받지 말고 서열을 뛰어넘어 쓰라."[78]고 지시하고, 인종 때 송인수가 "하늘은 그 시대의 일을 감당하기에 넉넉하도록 사람을 내지만 그 인재들의 재능을 남김없이 다 쓰지 못하므로 제대로 다스리지 못하는 것이다. 더욱이 잗달게 절차만 지키고 자격에 따라 임용하려 드니 그러고서 어찌 잘 다스릴 수 있겠는가?"라는 정자(程子)의 말을 인용하며 인재 등용 방법을 개선하라고 촉구한 것은 그 때문이었다.[79]

선조 때에도 "인재 선발을 과거시험으로 국한하고 혹은 자급(資級)으로 제한하여 관례에 따라 빈자리를 메우며 순서만 따르게 하니, 비록 세상에 드문 현명한 사람이나 출중한 인재가 있더라도 어떻게 모두 쓰일 수 있겠느냐."[80]라며 정형화된 형식에 얽매이지 말고 인재를 선발, 배치하라는 요구가 있었다. 형식과 절차를 고집하다가는 자칫 좋은 인재를 놓칠 수 있다는 우려였다.

---

78) 『성종실록』 15년 11월 10일
79) 『인종실록』 1년 4월 13일
80) 『선조실록』 29년 7월 2일

끝으로, 인재가 어느 곳에든 존재한다는 공자의 말은 '완벽한 인재'가 무조건 있다는 뜻은 아니다. 모든 분야에 걸쳐 탁월한 인재가 많다는 것도 아니다. 하나의 특출한 능력을 가졌거나 좋은 인재가 될 수 있는 잠재력을 가진 사람들이 있다는 의미이다. 따라서 "꼭 모든 것을 겸비한 자를 구할 수는 없는 법이니 비록 한 가지 기예를 가진 사람이라도 마땅히 구하여 써야"[81] 한다. '인재 후보군'을 발탁해 육성하는 일도 중요하다. 중종 때 김구(金絿)는 "사람의 성품은 본디 착하나 기질이 아름답고 나쁘고의 차이가 있습니다. 상지(上智)[82]는 스스로 능력을 발휘하지만 얻기가 쉽지 않고, 중지(中智)[83]는 임금이 어떻게 배양하느냐에 달려 있습니다."라고 하였다.[84] 인재 육성을 위한 리더의 책임을 강조하고 있는 것이다.

연암(燕巖) 박지원(朴趾源, 1737~1805)이 지은 『허생전(許生傳)』을 보면 주인공 허생이 훌륭한 인재가 사장되고 있는 현실을 비판하는 대목이 나온다.

> 자고로 묻혀 지낸 사람이 어디 한둘이었습니까? 졸수재 조성기 같은 분은 적국(敵國)에 사신으로 보낼 만한 인재였지만 베잠방이로 늙어 죽었고, 반계거사 유형원 같은 분은 군량을 총괄할 만한 재능이 있

---

81) 『성종실록』 24년 11월 11일
82) 태어나면서부터 최고 수준의 재능과 지혜를 갖춘 사람
83) 후천적인 교육에 의해 재능과 지혜를 개발하는 사람
84) 『중종실록』 13년 10월 28일

지만 바닷가나 거닐지 않았습니까? 지금 집정자들의 수준을 가히 알 만합니다.

탁월한 인재가 자신의 뜻을 펼치지 못하고 불행하게 생을 마친다면, 이는 공동체 전체에도 크나큰 불행이다. 리더는 "인재를 갈구하되 혹시나 내가 놓치는 인재가 없는지 늘 두려워해야 하고, 인재를 등용하되 과연 적합한 사람인가를 항상 염려해야 한다."[85] 그리하여 자신의 조직 안에 사장되고 있는 인재는 없는지 주의 깊게 살펴야 하는 것이다. "열 집이 사는 작은 고을일지라도 인재는 반드시 존재하기 때문이다."

---

85) 『중종실록』 5년 12월 19일

10

미리 억측하거나
지레 의심하면 안 된다

태종실록, 중종실록, 명종실록, 효종실록 속의 논어 헌문 편

이경(李曔, 정종)이 병을 이유로 아우(태종)에게 왕위를 선양한 것이 과연 진심에서 나온 행동인가? 그 아우가 형에게 의롭지 못한 행동을 한 것은 아닌가? 아니면 나라 안에 내란이 벌어져서이거나, 혹 명나라 조정을 얕보고 희롱하려는 뜻은 아닌가? 공자는 나를 속이리라 미리 의심하지 말고, 나를 믿지 않으리라 억측하지 말라고 하였으나, 그러면서도 먼저 깨닫는 것이 현명함이라고 하였다. (……) 짐이 비록 정성과 신의로 사람을 대접하고자 하나 경솔히 고명(誥命)[86]을 줄 수는 없다.[87]

1401년(태종 1년) 새로 보위에 오른 태종이 고명을 요청하자 명나라 황제는 위와 같은 반응을 보였다. 정종에서 태종으로의 양위 과정이 투명하지 않으므로 승인을 유보하겠다는 것이다. 잘 알려져 있다시피 태종은 1차, 2차 왕자의 난을 거치며 명실상부한 실권자가 되었고, 허울뿐인 왕이었던 형 정종으로부터 보위를 물려받았다. 이는 명나라도 이미 알고 있는 사실이다. 하지만 이제 와서 몰랐던 척 의문을 던지는 것은 정통성에 약점을 지니고 있던 태종에게 압박을 가함으로써 일종의 군기 잡기를 한 것이다. 태종은 재차 해명하는 사신을 보내고 나서야 겨우 황제의 책봉을 받게 된다.[88]

황제가 사용한 맥락이 그다지 적절해 보이지는 않지만, 여기서 황

---

86) 황제가 제후국의 국왕, 세자 등을 인준하는 것
87) 『태종실록』 1년 3월 6일
88) 『태종실록』 1년 6월 12일

제가 인용한 공자의 말은 『논어』「헌문」 편에 나온다. 공자는 "다른 사람이 나를 속일 거라 미리 의심하지 않고 다른 사람이 나를 믿지 않을 거라 지레 억측하지 않으면서도 또한 먼저 깨달을 수 있다면, 그것이 현명한 것이다."[89]라고 하였다. 상대방에게 의심스러운 점이 있다고 해서 그 사람이 장차 나를 속일 거라고 예단하는 것은 옳지 못하다. 그리되면 처음부터 선입관을 가지고 상대를 보게 되므로 객관적인 판단을 내릴 수가 없다. 상대방으로 인해 얻을 수 있는 도움이나 기회도 차단되고 만다. 두 사람 사이의 신뢰가 쌓일 수 없음은 당연하다.

중종 때 윤희성은 경연 석상에서 이 문제를 지적했다. 그는 한나라 명제(明帝)를 예로 든다.

임금의 총명함은 언로를 넓히고 간언을 받아들이는 것에 달렸습니다. 이를 통해 총명이 가리어지는 일을 막고 상하 모든 사람들의 실상과 정황이 통하게 만들 수 있습니다. 『논어』에 "속일 거라 미리 의심하지 말고 믿지 않을 거라 지레 억측해서도 안 된다."라고 하였습니다. 명제는 그렇게 하지 못했으니, 아랫사람들이 자신을 속일 것이라고 미리 판단하고 이를 지적하며 적발해내는 것을 총명함이라고 여겼습니다. 이는 임금이 갖추어야 할 총명이 못 됩니다. 시시콜콜하고 조급한 총명일 뿐입니다.[90]

---

89) 『논어』, 「헌문」, "子曰 不逆詐, 不億不信, 抑亦先覺者, 是賢乎!"
90) 『중종실록』 37년 2월 3일

명제는 후한의 전성기를 이룩한 황제로 평가받지만, 성격이 까다롭고 작은 문제에 지나치게 집착하는 단점이 있었다. 그는 특히 속단하길 좋아했는데 신하가 그러지 않았음에도 이러저러하게 황제를 속였거나 속일 것이라고 멋대로 판단했다. 조선의 인조도 비슷했다. 인조는 "지금 전하께서는 이치로써 사물을 관찰하지 않으시고 오로지 억측과 미리 의심하는 것으로 자신을 명철하다 생각하고 계십니다. 그 때문에 신하들이 억울하고 애매한 죄를 입지만 감히 아뢰지 못하니 이 원통함을 어찌하겠습니까?"[91]라는 비판을 받았다. 이 두 군주는 일어나지도 않은 일을 먼저 의심함으로써 억울한 상황을 만들었다. 그러고는 자신이 총명하기 때문에 사람들의 감춰진 속마음을 읽어냈으며, 미리 위험을 파악해 제거했다고 자부하는 것이다.

　물론 살다 보면 다른 사람이 나를 속이는 일도 있고 다른 사람이 나를 믿지 않는 일도 있을 것이다. 이를 그냥 내버려두고 아무런 대응을 하지 않는다면 곤란한 상황에 빠질 수 있다. 배신을 당해 큰 피해를 입기도 한다. 그래서 공자도 그런 일이 닥치기 전에 먼저 깨달아야 현명하다고 말한 것이다. 하지만 그렇다고 해서 "남이 나를 속일까 미리 의심하고, 남이 나를 믿어주지 않을까 지레 억측하는 것은 이치상으로도 맞지 않을 뿐만 아니라 실제로 그렇게 되지도 않는다. 더욱이 실정(實情)을 넘어서는 의심을 하게 된다."[92] 섣부른 예단은 금물인 것이다. 일이 벌어지지도 않았고, 상대방이 그렇게 행

91) 『인조실록』 24년 10월 15일
92) 『효종실록』 7년 윤5월 23일

동할지도 알 수 없는 일인데, 자신의 생각만으로 속단하고 대처하다 보면 잘못된 결정을 하게 된다. 상대방에게 원한을 살 수도 있다. 매우 신중하게 행동해야 하는 것이다.

명종 때 퇴계(退溪) 이황(李滉, 1501~1570)은 왜와 교섭하는 문제를 두고 이렇게 진언했다.

> 왕도(王道)란 탕탕평평한 것이어서 속일 것을 의심하지 않고 믿지 않을 것을 억측하지 않는 법입니다. 지금 조정의 신하들이 왜노를 거절하려는 이유는 필시 '저들의 죄가 큰데 성급하게 화해하게 되면 그들의 악을 징계하기는 고사하고 수모를 받는 후회만 있을 것'이라고 여겨서일 것입니다. 틀린 말은 아니지만 그렇지 않은 점이 있습니다. (……) 한나라의 여러 제왕들이 흉노의 죄가 큰 것을 모르지 않았지만 그들과 신속하게 화친을 맺은 것은 백성의 안위를 중요하게 생각했기 때문입니다. 당나라 때 태종은 돌궐과 화친을 체결했고, 송나라 때 진종은 거란과 화의를 맺었습니다. 태종과 진종인들 저들을 경솔히 허락하면 악을 징계할 수 없고 장차 배신을 당해 수모를 받을 수도 있다는 것을 몰랐겠습니까? 전쟁을 막고 사직을 지켜 백성들을 편안케 하고자 해서였습니다.[93]

왜는 간사하여 늘 우리를 속여왔기 때문에 이번에도 분명히 우리를

---

93) 『명종실록』 즉위년 7월 27일

기만할 것이라며 화친을 거부하자는 다른 신하들과 달리, 퇴계는 이를 받아들여 평화를 도모해야 한다고 주장했다. 설령 왜가 배신하여 또다시 쳐들어오더라도 평소에 안보를 강화하고 빈틈없이 대비한다면 충분히 격퇴할 수 있다는 것이다. 따라서 지금부터 미리 속단하여 화친을 그르칠 필요는 없다고 보았다. 하지만 아쉽게도 퇴계의 주장은 받아들여지지 않았다. 안보를 강화해야 한다는 주장도 묵살되었다. 이로 인해 조선은 명종 대에만 해도 을묘왜변 등 끊임없는 왜의 침략에 시달려야 했다.

요컨대, 미리 의심하지 말고 지레 억측하지 말라는 공자의 가르침은 주관적이고 섣부른 예단이 가져올 수 있는 폐해를 경계한 것이다. 다른 사람의 생각을 함부로 넘겨짚고 의심하여 잘못된 판단을 내리는 것을 막고자 한 것이다. 요즘도 "나를 속일 생각을 하지 마라."라는 마음가짐을 갖고 "아무도 믿지 않는" 것을 자랑으로 여기는 사람들이 있다. 지적하고, 의심하고, 적발하길 좋아하는 이들 부류의 사람은 자신이 똑똑해서 그런 것이라고 착각한다. 만약 리더가 이런 성향을 보일 경우 문제가 심각해지는데, 자칫 리더 자신뿐 아니라 조직 전체를 위험에 빠뜨릴 수 있기 때문이다. 물론 그렇다고 순진하게 아무 일도 하지 않고 가만히 있어서는 안 된다. 일이 전개될 방향과 다양한 가능성들을 헤아리고 이에 맞는 대응전략을 갖추어야 한다. 발생할지도 모를 위험에도 철저히 대비해야 한다. 공자가 말한 참된 '현명함'은 바로 이것이다.

11

다른 사람이 아닌,
바로 나 자신을 위해 공부한다

숙종실록과 영조실록 속의 논어 헌문 편

내가 들으니 옛날에 학문을 했던 사람들은 '자신을 위한 공부'를 했는데 지금 학문하는 사람들은 '남을 위한 공부'를 한다고 한다. 자신을 위한 공부를 하면 성현(聖賢)에 이를 수 있지만, 남을 위한 공부를 하면 겨우 과거에 급제하여 명예를 취하고 녹봉이나 얻는 것을 꾀할 뿐이니 어찌 잘못이 아니겠는가![94]

우리는 왜 공부를 할까? 저마다의 이유가 있겠지만 크게는 목적 그 자체로서의 공부와 어떤 목표를 이루기 위한 수단으로서의 공부, 이 두 가지일 것이다. 지적 호기심을 채우고 성찰과 수양을 통해 나 자신을 완성해가는 공부가 전자라면, 진학이나 취업, 시험 합격 등을 위해 공부하는 것은 후자라고 할 수 있다.

그렇다면 둘 중에 어떤 것이 더 좋은 공부일까? 기본이 되는 공부야 전자겠지만 둘 사이에 어떤 우열이 있는 것은 아니다. 후자의 공부가 필요한 경우도 분명히 존재한다. 다만 이와 같은 공부에는 태생적인 한계가 있다. 어떤 목표를 달성하기 위해 공부를 하다 보니, 공부 또한 그 목표의 테두리 안에 머물게 된다. 목표와 다르거나 목표와 어긋나는 공부는 불필요하다는 이유로 부정되며, 일단 목표를 달성하고 나면 공부의 동력이 사라져버리는 문제점도 있다.

더욱이, 공부를 통해 이루고자 하는 목표가 자신의 내면이 아닌 외부에 존재할 때, 그것은 외적인 성취, 즉 사회적 성공과 연관되는

---

94) 『고봉집』 2권, 「옥천서원기(玉川書院記)」, "竊聞之, 古之學者爲己, 今之學者爲人. 夫學以爲己聖賢可至, 學以爲人則不過爲科名利祿計而已, 豈不戾哉!"

11. 다른 사람이 아닌, 바로 나 자신을 위해 공부한다

경우가 많다. 좋은 학교에 진학하기 위해, 좋은 직장에 취직하기 위해, 높은 지위로 올라가기 위해 공부를 하는 것으로, 공부가 이런 목표를 위한 수단이 되면, 공부를 하는 사람 또한 그것만을 중시하게 된다.

앞서 인용한 고봉(高峯) 기대승(奇大升, 1527~1572)의 말은 바로 이 문제를 지적하고 있다. 자신의 성장에 목표를 두고 학문을 하는 사람은 스스로 한계를 짓지 않기 때문에 높은 수준까지 도달할 수 있다. 하지만 다른 사람의 이목에 맞춰 공부를 하는 사람은 그들이 부러워하는 수준이나 사회적으로 인정을 받는 수준에서 더 나아가지 못한다. 그저 외형적인 명예나 이익을 얻는 데 그칠 뿐이다. 공부의 목표가 딱 거기까지이고, 그것이 곧 그 사람의 한계로 작용하기 때문이다.

여기에 대해 기대승은 각각 '위기지학(爲己之學)'과 '위인지학(爲人之學)'이라는 이름을 붙였다. '위기지학'이란 자신을 위해 학문을 하는 것이고, '위인지학'이란 다른 사람의 인정을 받고자 학문을 하는 것을 말한다. 자아의 완성을 추구하고 자신을 성숙시키기 위해 끊임없이 공부하는 것이 '위기지학'이라면, 사회적 명예와 성공을 추구하며 다른 사람들의 시선에 부합하고자 공부하는 것이 '위인지학'이다. 이는 유학의 학문론에서 쓰이는 핵심적인 개념으로, 『논어』 「헌문」 편의 "옛날 학자들은 자신을 위해 공부했는데 지금의 학자들은 다른 사람의 인정을 받고자 공부한다."[95]라는 구절에서 유래했다. 우리가

---

95) 『논어』, 「헌문」, "子曰, 古之學者爲己, 今之學者爲人."

공부를 하는 진짜 이유를 생각한다면 어떤 공부를 해야 할지는 자명하리라고 본다.

숙종 때의 학자 김창협(金昌協, 1651~1708)은 임금에게 이 '위기지학'의 정신을 강조했다.

신이 살피건대, 전하께서 공부하실 때 질문하는 것을 본 적이 없습니다. 옛 성현도 "의문이 드는 점이 있으면 반드시 물어서 밝혀야 한다."라고 하셨듯이, 학문에는 의심이 가는 바가 없을 수 없고, 의문점이 생기면 반드시 질문하는 것이 마땅한 도리입니다. 혹 전하께서는 자신의 학문이 높다고 생각하시어 다른 사람에게 물어볼 필요가 없다고 여기시는 것입니까? 『중용』에 이르기를 순임금은 큰 지혜를 가지고 있었지만 "묻기를 좋아하고 말을 살피길 좋아하였다."라고 하였습니다. 증자는 안연(顔淵)을 일컬어 "유능하면서도 무능한 사람에게 물었고, 박학다식하면서도 배움이 얕고 지식이 없는 사람에게 물었다."라고 하였습니다. 순임금과 안자와 같은 성현도 이와 같으셨거늘, 어찌 전하께서는 자신의 학문만 믿고 다른 사람에게 물어보지 않으실 수가 있습니까?[96]

김창협이 보기에 숙종이 질문을 하지 않는 것은 자신의 학문을 과시하고 싶어서이다. 모르는 것이 하나도 없을 정도로 뛰어나다고 드

---

96) 『숙종실록』 9년 7월 17일

러넘으로써 임금의 권위를 세우려 한다는 것이다. 김창협은 이러한 숙종의 오만함을 강하게 비판했다. 공부란 끝이 없는 것이다. 자신보다 못한 사람에게도 배울 점이 있다. 순임금과 같은 위대한 성현도 질문하고 경청하며 자신을 더욱 완벽하게 만들어갔는데, 하물며 한참 부족한 숙종이 어찌 자신의 위신을 세우기 위해 배움을 소홀히 할 수 있느냐는 것이다. 김창협은 말을 이어갔다.

> **만약 전하께서 궁금한 점이 없다고 하신다면, 이는 진실로 의심 가는 부분이 없어서가 아니라, 의문점이 생기는 수준에조차 이르지 못한 것일 뿐입니다. 전하께서 이와 같이 하신다면 매일 경연에 나가 공부를 한들 전하의 학문은 진보하지 못합니다. (……) 공자가 말하기를, "옛날의 학자는 자신을 위하여 학문을 하고, 지금 학자는 다른 사람의 인정을 받고자 학문을 한다."라고 하였습니다. 후세의 학문이 이와 같이 된 것은 그저 다른 사람의 이목만 신경 쓸 뿐 진정으로 자신을 위한 학문을 하지 않았기 때문입니다.[97]**

영조 때에도 비슷한 장면이 있다. 수찬 남태량은 다음과 같이 말했다.

> **공자가 말하길, "옛날의 학자들은 자신을 위하여 학문을 하고, 지금 학자는 다른 사람의 인정을 받고자 학문을 한다."라고 했는데, 전하**

---

97) 위와 같음.

께서 내리신 비망기를 보니 경전을 많이 인용하셨고 뜻은 성대한 듯하나, 총명을 내세움이 지나치고 말이 많아 오히려 위엄이 떨어집니다. 정치의 득실은 실체가 없고 문자 사이에서만 맴돌며 이름과 실상이 서로 부합하지 않습니다. 혹 전하께서는 남에게 보여주고자 하는 마음이 크셨던 것은 아닙니까?[98]

영조의 글이 내용은 부실하고 겉치레로 가득하니, 이것이 혹 신하들에게 자신을 과시하고 싶어서 그런 것은 아닌지 묻고 있는 것이다.

요컨대, 공부란 다른 누구도 아닌 자기 자신을 위해 하는 것이다. 특정한 목표를 이루기 위해 하는 것이 아니라 오로지 나 자신을 더욱 깊고 넓게 만들기 위해 하는 것이다. 자신을 성장시키기 위한 노력은 소홀히 하면서 겉으로 드러나는 모습에만 신경 쓴다면, 아무리 공부의 물리적인 총량이 많다고 하더라도 좋은 성과를 낼 수 없을 것이다. 다른 사람의 인정을 받기 위한 공부, 다른 사람에게 보여주기 위한 공부만으로는 절대 깊은 뿌리를 내릴 수 없다. 이러한 공부는 얼마 가지 못해 모래성처럼 무너지고 만다는 것을 잊어서는 안 된다.

---

98) 『영조실록』 10년 2월 19일

12

좋은 말을 들었으면
실천하여 고친다

태종실록, 성종실록, 명종실록, 정조실록 속의 논어 자한 편

1406년(태종6년) 사간원에서 상소를 올렸다.

임금의 움직임은 법도에 맞게 이루어져야 합니다. 하온데 지난 10일, 전하께서는 교외로 나가 말을 타고 마음대로 달리셨습니다. 만에 하나 험한 흙탕길에 말이 놀라 거꾸러졌다면 어찌 됐겠습니까? 참담한 일이 벌어졌을까 두렵습니다. 전하께서 이처럼 스스로 몸을 가벼이 여기시니 장차 종묘와 사직은 누구를 의지해야 합니까? 지난번에도 이런 일이 있어 신들이 상소를 올리자 전하께서는 앞으로 그러지 않겠다고 말씀하셨습니다. 그런데 이번에 사냥을 나가 또다시 그리하셨으니, "기뻐하면서도 실마리를 찾지 않고, 따르면서도 고치지 아니한다."라는 공자의 말이 바로 이것을 가리키는 것이옵니다.[99]

최고 리더가 위험천만한 레포츠를 즐기는 것은 요즘도 금기시되는 행동이다. 대통령이나 재벌 총수가 카레이싱을 하다 사고가 나서 목숨을 잃었다고 가정해보자. 아무리 위기 대응 체계가 잘 갖추어져 있고 후계자 승계 프로그램이 차질 없이 가동하는 조직이라고 할지라도 일대 혼란이 일어날 것이다. 태종의 사례도 마찬가지이다. 사냥과 승마를 좋아했던 태종은 안전조치 없이 전속력으로 말 달리는 일을 즐겼다. 이는 임금이 해서는 안 될 행동일 뿐만 아니라 사고가 날 우려도 컸다. 그래서 신하들은 그와 같은 행동을 중단하고 조

---

99) 『태종실록』 6년 2월 12일

12. 좋은 말을 들었으면 실천하여 고친다

심할 것을 요청한 것이고, 태종도 유의하겠다고 다짐했다. 그런데 그 약속을 어기고 태종은 또다시 같은 일을 벌인 것이다.

신하들은 이러한 태종을 비판하며 공자의 말을 인용했다. 『논어』 「자한」 편에 보면 공자는 이렇게 말한다.

법도에 맞는 말을 어찌 따르지 않을 수 있겠는가? 고치는 것이 중요하다. 완곡하게 타이르는 말을 어찌 기뻐하지 않을 수 있겠는가? 그 실마리를 찾는 것이 중요하다. 기뻐하기만 하고 실마리를 찾지 않고 따르기만 하고 고치지 않는다면, 나도 그를 어찌할 수가 없다.[100]

훌륭하고 좋은 말은 듣기만 해서는 소용이 없다. 그 말을 따라 자신의 부족한 점을 고칠 줄 알아야 한다. 잘못을 바로잡아 주는 말은 고마워하기만 해서는 소용이 없다. 그 의미를 되새기며 실천해야 한다. 귀로는 듣고 말로는 고마워하면서도 전혀 달라지는 것이 없다면, 이는 듣지 않고 고마워하지 않는 것과 다를 것이 없다.

이 구절은 실록에서 빈번하게 등장한다. 성종 때 대간(臺諫)은 이렇게 말하며 임금을 비판한다.

대저 충성스러운 말은 귀에 거슬리는 법이어서 기쁘게 받아들이기가 어렵지만, 이미 기뻐하였다면 그 말을 따르는 것이 어렵지 않을 것입

---

100) 『논어』, 「자한」, "子曰 法語之言, 能無從乎! 改之爲貴. 巽與之言, 能無說乎! 繹之爲貴. 說而不繹, 從而不改, 吾末如之何也已矣."

니다. 전하께서는 신들의 말에 기뻐하며 높이 평가한다고 말씀하시면서도 정작 그 말을 채택하여 적용하지는 않고 계십니다. 이것이 이른바 "기뻐하면서도 실마리를 찾지 않고 따르면서도 고치지 아니한다."는 것입니다.[101]

신하가 바른 말을 올리면 성종은 그 자리에서만 칭찬하고 듣는 척만 한다는 것이다.

사실 성종에게는 일종의 '모범생 강박관념'이 있었다. 본인의 타고난 자질에다 어머니 인수대비의 엄격한 훈계, 어려서부터 받은 철저한 제왕학 교육이 합쳐져 훌륭한 임금으로 성장한 그였지만 성군(聖君)이 되어야 한다는 부담감에 짓눌려 있었다. 대왕대비의 결정에 따른 것으로 비록 절차상의 하자는 없었지만, 선왕 예종의 적장자 제안대군, 아버지 의경세자의 적장자이자 자신의 친형 월산대군을 제치고 보위에 오른 그로서는 정통성에 대한 콤플렉스를 씻어내기 위해서라도 보다 완벽한 임금이어야 했던 것이다. 그래서 마음속으로는 불쾌하고 받아들이기 싫은 말도 겉으로는 기쁘게 수용하는 것처럼 행동했다. 이런 경우 아무래도 표가 나게 마련인데, 대간의 비판은 그래서 나온 것이다. 신하의 간언을 훌륭하다고 평가하면서도 전혀 반영을 하지 않으니, 한 귀로 듣고 한 귀로 흘리고 있는 것은 아니냐는 힐난이다.

---

101) 『성종실록』 24년 8월 28일

12. 좋은 말을 들었으면 실천하여 고친다

이러한 지적은 정조에게도 쏟아졌다. 재상이었던 채제공(蔡濟恭, 1720~1799)은 "지금 전하께서는 신들의 말이 옳다며 전하의 잘못이라고 하셨습니다. 하지만 아무런 행동도 하지 않으시니, 실상 신들의 말을 옳지 않게 여기고 계신 것입니다. 이것이야말로 잘못인 줄 알면서 고치지 않고 좋은 말인 줄 알면서 따르지 않는 것이니, 불행히도 이런 사람에 대해서는 어찌할 도리가 없다는 옛사람의 훈계에 해당됩니다."[102]라고 하였다. 평소 자신의 능력과 지식에 대한 자부심이 컸던 정조는 신하들을 몇 수 아래로 낮춰 보고 있었다. 따라서 신하들이 정조의 잘못을 지적하더라도 이를 쉽게 인정하지 않았다. 다만, 신하의 간언에 귀 기울여야 한다는 임금의 도리 때문에 겉으로만 수긍하는 척했던 것이다.

이처럼 뛰어난 임금으로 평가받는 성종과 정조도 이 문제에서 벗어나지 못했다. 그렇다면 다른 임금들은 더더욱 예외가 아니었을 것이다. 명종에게는 "법도에 맞는 말은 따르면서 동시에 잘못을 고치는 것이 중요하고, 완곡하게 해주는 말은 기뻐하면서 동시에 되새겨보는 것이 중요합니다. 만일 전하께서 따르되 고치지 않으시고 기뻐하되 되새겨보지 않으시어 신들이 애타게 드리는 이 중요한 말들을 형식적으로만 받아들이신다면 만백성의 커다란 희망은 여기서 끊어지고 말 것입니다."[103]라는 간언이 올라왔다. 광해군은 "신들이 삼가 살피건대 근래에 전하께서는 매번 '유념하겠다'는 하교를 내리시지

102) 『정조실록』 18년 4월 28일
103) 『명종실록』 21년 5월 12일

만 실제로 채용하시는 경우는 들어보지 못하였습니다. 대간께서 올리는 논의를 따르지 않으시고 충심에서 드리는 상소도 겉으로만 기뻐하실 뿐 되새겨보질 않으십니다."[104]라는 비판을 받아야 했다.

이상의 상소들이 공통적으로 지적하는 것은 겉과 속이 다른 임금의 태도다. 신하들의 의견이나 충언을 형식적으로 수용하고 경청하는 '척'만 하고 있다는 것이다. 무릇 임금이 "기뻐하기만 하고 해결을 위한 실마리를 찾지 않은 채, 따르기만 하고 고치지 않는다"면 나라를 위한 좋은 말들을 사장하는 것일 뿐 아니라 임금 또한 보다 나아질 수 있는 기회를 잃어버리게 된다. 임금은 자기 자신을 속이는 것이고 임금과 구성원들 간의 신뢰도 저하된다. 각각의 상황에서 보면 사소한 문제인 것 같아도 결국엔 나라 전체를 병들게 만드는 것이다.

더욱이 이러한 임금은 대놓고 폭정을 일삼는 임금보다 어떤 의미에서 더 위험하다. 훌륭한 말에 귀를 닫아버리고, 바로잡아 주는 말을 불쾌하게 생각하는 임금은 누가 봐도 명백하게 잘못 행동하는 것이다. 구성원들은 이를 비판하고, 심할 경우 맞서 싸우면 된다. 하지만 속마음을 숨기고 겉으로만 열심히 듣는 척하는 임금은 다르다. 그럴 의지도, 마음도 없으면서 귀 기울이고 실천하는 척 위장하기 때문에 구성원들을 헷갈리게 만든다. 임금의 내면과 외면 사이의 괴리 때문에 일을 제대로 해나갈 수 있는 기회를 놓치고 만다. 이는 비

---

104) 『광해군일기』 2년 윤3월 29일

단 임금에게만 해당하는 것이 아니다. 평범한 사람도 마찬가지이다. 옆에서 충고를 해주고 좋은 말을 해주면 겉으로는 고맙다고 하면서 전혀 달라지지 않는 사람. 심지어 속으로 불쾌하게 생각하는 사람. 공자가 자신도 도저히 어쩔 도리가 없다고 포기한 것처럼 이런 사람은 결코 성장할 수가 없다.

오늘날 '경청'은 누구에게나 중요한 덕목이다. 올바른 리더십을 발휘하고, 사람들과 소통하고, 스스로 성장하기 위해서는 다른 사람들의 목소리를 경청하고 그들이 해주는 조언을 기쁘게 받아들여야 한다. 그런데 이것이 '의무 조건'처럼 강조되다 보니 마음에도 없이 그저 듣는 척만 하는 사람들이 있다. 그 자리에서는 "좋은 의견이니 명심하겠다", "깨우쳐주어서 고맙다"고 말하지만 반성하지도, 실천하지도 않는다. 심지어 "알지도 못하면서 이래라저래라 한다"고 기분 나빠하며 자기의 생각을 계속 고집하곤 한다. 그럼에도 듣는 '척'하는 것은 그저 '경청하는 사람'이라는 평가가 듣고 싶어서이다.

'경청'은 단순히 듣기만 하는 일이 아니다. 정성껏 듣고, 말한 사람과 공감하고, 그것을 통해 나를 변화시키는 작업이다. 여기에는 내면과 외면이 합치되는 실천이 뒤따라야 한다. 그리되면 다른 사람들은 더욱 바른 말, 좋은 말을 내게 전해줄 것이다. 이를 통해 나는 더욱 건강하게 성장할 수 있다. 이것이 바로 "기뻐하면서 동시에 실마리를 찾아야 하고, 따르면서 동시에 고쳐야 한다"는 공자의 가르침일 것이다.

13

얻고 싶어 매달리고
잃을까 봐 근심하는 자를 멀리하라

성종실록, 중종실록, 선조실록, 광해군일기, 영조실록,
정조실록 속의 논어 양화 편

중국 춘추전국시대에 첫번째로 패권을 차지했던 제(齊)나라 환공(桓公)에게는 세 명의 간신이 있었다. 요리사 역아는 자신의 아들을 죽여 그 인육을 환공에게 올렸고, 환관 수조는 임금의 신임을 얻기 위해 스스로 거세했다. 개방은 부모를 저버린 채 환공의 환심을 사는 일에만 매달렸다. 재상이었던 관중(管仲)이 병석에 눕자 환공은 그 후임자로 세 사람을 염두에 두었는데, 관중이 단호하게 반대했다.

역아는 아들을 죽이면서까지 임금의 총애를 구한 자입니다. 사람이라면 누구나 자식을 사랑하는 법인데 자식까지 죽일 정도라면 장차 임금께는 무슨 짓인들 못 하겠습니까? 수조는 스스로 거세하면서까지 임금의 사랑을 얻으려 한 자입니다. 사람이라면 누구나 자신을 아끼는 법인데 자기 몸을 불구로까지 만들 정도라면 장차 임금께는 무슨 짓인들 못 하겠습니까? 개방도 그렇습니다. 그는 아버지가 죽었는데도 상을 치르러 가지 않았으니, 장차 임금께는 어떻게 대하겠습니까?[105]

이들 세 사람은 권세를 차지하고 그것을 놓치지 않기 위해 사람으로서 해서는 안 될 만행을 저질렀으니, 앞으로도 자신의 목적을 위해서라면 무슨 짓을 저지를지 모른다는 경고였다. 하지만 환공은 관중의 조언을 무시했고, 결국 이 세 사람에 의해 유폐되어 비참하게 생을 마감한다.

---

105) 사마천, 『사기』, 「제세가(齊世家)」의 내용을 축약, 정리하였음.

이처럼 권력을 탐하고 사사로운 이익을 추구하며, 그것을 얻기 위해서는 무슨 일이든 벌일 수 있는 자. 우리는 흔히 이런 사람을 '간신(奸臣)'이라고 부른다. 간신들에게는 백성이나 국가의 안위 따위는 안중에 없다. 의로움이나 올바름은 사치일 뿐이다. 오직 자신이 갖고 싶은, 혹은 가지게 될 부귀와 권력만이 중요하다. '환득환실(患得患失)'이라는 고사성어는 이러한 행태를 지적한 것으로, 『논어』 「양화(良貨)」 편의 "비루한 사람과 더불어 임금을 섬길 수 있겠는가? 얻기 전에는 얻으려 근심하고, 이미 얻은 다음에는 그것을 잃을까 걱정하니, 만일 잃을 것을 근심하게 되면 이르지 않는 바가 없게 된다."[106] 라는 공자의 말에서 비롯되었다. 비루한 소인들은 임금의 환심을 사는 일에만 치중하고 권세를 얻기 위해 필사적이다. 그리고 어떤 수를 써서라도 그것을 놓지 않으려 한다는 것이다.

이 '환득환실'이라는 표현은 실록에서도 자주 등장하는데, 1605년(선조 38년) 홍문관은 다음과 같은 상소를 올렸다.

요즘 유생들은 구두법만 알면 곧바로 과거시험용 문장을 익히기에 여념이 없다고 합니다. 15세만 넘으면 벌써부터 명예와 이익을 좇아 다니고, 경박하며 사치스러움이 유행을 이루었습니다. 박정하고 불성실함도 날로 심해지고 있습니다. 벼슬에 나가기도 전에 이미 마음이 무너졌으니 벼슬한 뒤의 모습은 가히 상상할 만합니다. 나쁜 습

---

106) 『논어』, 「양화」, "子曰, 鄙夫, 可與事君也與哉? 其未得之也, 患得之, 旣得之, 患失之, 苟患失之, 無所不至矣."

속에 물들어 벼슬이 높아질수록 절도 있는 행동은 찾을 길이 없어지고, 바른 생각은 펼쳐지지 못한 채 염치가 땅에 떨어져 탐욕스러운 풍조가 크게 번지고 있습니다. 뇌물이 공공연히 행해져 참람하기 그지없습니다. 벼슬을 얻기 전에는 어떻게 하면 얻을 수 있을까 근심하고 얻은 후에는 어떻게 하면 잃지 않을까만 걱정하며 국가에 충성을 다할 것은 생각하지도 않습니다.[107]

자기 수양과 학문 도야에 힘써야 할 젊은 유생들이 그저 출세를 최우선의 가치로 생각하고, 영달을 위해서 수단과 방법을 가리지 않고 있다는 것이다.

광해군이 즉위한 직후 영중추부사 이덕형(李德馨, 1561~1613)도 "근래 환득환실한 선비들은 좋은 벼슬만을 탐하고, 불학무식한 자들은 시론(時論)에 따르는 것만을 옳게 여기고 있습니다. 이런 자들이 체면과 염치, 시비를 가리지 않고 오로지 권세가 있는 곳이라면 앞다투어 나가면서 밀치고 박차고 싸우는 것을 공으로 삼으니, 이로 인해 조정이 더럽혀지고 있습니다."[108]라고 우려했다. 공직에 대한 사명감은 커녕 벼슬을 자신의 욕망을 충족시키는 도구로 생각한다는 것이다.

그런데 '환득환실'은 정적을 공격하는 논리로 사용되기도 한다. "자리를 탐하여 못 하는 짓이 없다"는 평가를 덧씌우는 것만큼 매서운 올가미도 없을 테니 말이다. 가령 성종 때 대사간을 지낸 성현

107) 『선조실록』 38년 7월 27일
108) 『광해군일기』 즉위년 4월 1일

은 양성지를 공격하며 "벼슬자리에 오른 지 30여 년이 되었고, 현재 나이가 이미 예순이 넘었는데도 여진여퇴(旅進旅退)[109]하고 환득환실 하며 한 가지도 나라에 보탬이 없으니, 시위소찬(尸位素餐)[110]함 또한 지극하다 하겠습니다. 진실로 소인(小人)이며 취렴하는 신하라고 할 수 있으므로 올바른 시대라면 용납할 수 없을 것입니다."[111]라고 하였다. 1521년(중종 16년)에는 조광조를 지지했던 대신들이 "환득환실한 자들"이라는 죄목으로 제거되기도 했다.[112] 영조 즉위 초기 노론과 소론이 극심한 당쟁을 벌이던 시기에는 서로가 서로에게 "환득환실한 마음을 가졌다."라고 비난했다.[113]

임금이 신하를 처벌하면서 '환득환실'을 명분으로 내걸기도 했다. 정조는 "우리 선왕(영조)께서 신성한 자질을 타고나시어 여든의 노령을 누리셨다. 그런데 저 불령한 무리가 감히 선왕의 귀를 흐리고자, 처음에는 환득환실하는 마음에서 시작해 결국은 동궁(사도세자)을 원수처럼 여기기에 이르러, 세자의 자리를 핍박하여 위태롭게 하였다."[114]라며 사도세자를 죽음으로 내몰고 자신의 등극을 반대했던 세력들을 제거한다. 자신들이 누리던 권력과 지위를 잃지 않기 위해 반역을 저질렀다는 것이다.

---

109) 주관 없이 남들이 하자는 대로만 하는 것을 말함.

110) 하는 일 없이 녹봉만 받아먹는 것을 뜻함.

111) 『성종실록』 10년 4월 29일

112) 『중종실록』 16년 10월 8일

113) 『영조실록』 3년 10월 6일

114) 『정조실록』 즉위년 7월 3일; 『정조실록』 1년 3월 29일

그런데 공자가 말한 본래의 취지는 이런 의미들에만 머물지 않는다. 무엇보다 '환득환실'은 인재를 구별하는 소중한 기준이 된다. 성호(星湖) 이익(李瀷, 1681~1763)의 설명을 보자.

충신은 관직에 나아가길 어려워한다. 그 직임이 무겁고 커서 혹시라도 자신이 감당하지 못할까 두려워하기 때문이다. 이에 비해 소인은 쉽게 나선다. 거리낌 없이 자리를 탐하거나 아니면 경박하여 일을 함부로 알기 때문이다. (……) 요즘 임금이 취하는 사람들이 하나같이 환득환실한 것은 무슨 까닭인가? 음식상이 차려졌을 때, 부끄러움을 알아서 삼가 피하는 노복은 항상 얻어먹지 못하고, 염치없이 희망하는 노복은 부름을 얻어 맛을 보게 마련이다.[115]

염치와 분수를 알고 물러서 있는 사람은 눈에 뜨이지 않고, 주제넘게 나서는 사람만이 주목받게 된다는 것이다. 이익은 임금 곁에서 듣기 좋은 말을 하는 자, 주저함 없이 관직을 맡겠다고 나서는 자, 자신을 믿어보라며 큰소리치는 자들은 "귀를 늘어뜨리고 꼬리를 흔드는 개"와 같다고 비유했다. 이런 사람들을 조심해야 한다는 것이다. 반대로 그 직무의 무거움을 인식하고 벼슬에 나오는 것을 두려워하는 사람, 일을 쉽게 보거나 함부로 자신하지 않는 사람 중에 인재가 있으니, 이런 이를 발탁해야 한다고 주장했다.[116]

---

115) 『성호사설(星湖僿說)』 13권, 「인사문(人事門)」, 〈忠臣在難進〉
116) 위와 같음.

13. 얻고 싶어 매달리고 잃을까 봐 근심하는 자를 멀리하라

아울러 이 '환득환실'은 공직에 나서는 사람이 스스로에게 던지는 성찰의 질문이기도 하다. 흔히 무언가를 바라면 집착하게 되고, 집착하다 보면 변질되게 마련이다. 내가 관직이 주는 순수한 소명에 충실하며 보람을 얻고 싶은 것인지, 백성과 나라를 위해 헌신하고 싶은 것인지, 아니면 그 자리가 가져다주는 힘과 이익을 누리고 싶은 것인지, 사람들의 시선과 부러움을 받고 싶은 것인지 되돌아보아야 한다. 혹시라도 내가 그것을 잃지 않으려고 잘못을 저지르고 있는 것은 아닌지 끊임없이 반성해야 한다. '환득환실'하는 마음이 조금이라도 고개를 들지 않도록 자신을 통제할 수 있을 때, 비로소 그는 공직의 소임을 온전히 수행해낼 수 있다.

14

백성이 고르지 못함을 걱정하고
편안하지 못함을 걱정한다

효종실록 속의 논어 계씨 편

어느 날, 노나라의 최고 실권자 계씨(季氏) 밑에서 벼슬을 살고 있던 두 제자 염구와 자로가 공자를 찾아왔다. "스승님. 계씨가 전유(顓臾)를 쳐서 손에 넣으려고 합니다." 공자가 놀라 물었다. "그게 무슨 소리냐. 혹 너희가 그렇게 만든 것은 아니냐? 전유는 이 나라 안에 있으니 곧 나라의 신하다. 어찌 마음대로 정벌한단 말이냐?" 계씨의 권세가 아무리 막강하다고 해도 어쨌든 그도 노나라 임금의 신하다. 그런 그가 역시 노나라 임금의 신하인 전유를 제멋대로 공격한다는 것은 명분에 어긋날뿐더러 반역으로까지 볼 수 있는 일이었다.

"계씨께서 하고자 하는 것이지 저희 두 사람은 모두 원치 않았습니다." 염구가 변명했지만 공자는 받아들이지 않았다. "구야, 주임(周任)이 말하길 벼슬에 나아가 자신의 능력을 다 펼칠 수 없는 자는 그만두라고 했다. 위태로운데도 붙잡아주지 못하고 넘어지는데도 부축해주지 못한다면 장차 그렇게 보좌하는 신하를 어디에 쓰겠느냐?" 두 제자가 자신들은 말렸는데 계씨가 강행한 것이라며 책임을 회피하자, 공자는 주군의 잘못된 결정을 바로잡아 주지 못하는 참모는 있을 필요가 없다고 엄히 질책한 것이다.

그러면서 공자는 말했다.

내가 듣건대 한 나라를 가지고 있고 한 집안을 가지고 있는 자는 사람이 적음을 근심하지 않고 고르지 못함을 근심하며, 재물이 부족함을 근심하지 않고 편안하지 못함을 근심한다고 한다. 대저 고르면 가난함이 없고, 화합하면 부족함이 없고, 편안하면 기울어짐이 없는 것

14. 백성이 고르지 못함을 걱정하고 편안하지 못함을 걱정한다

이다. 이와 같은 까닭에 먼 지방 사람이 복종하지 않으면 문덕(文德)을 닦아서 그들이 스스로 오게 하고, 이미 오게 했으면 편안케 해주어야 한다. 지금 너희는 계씨의 일을 도우면서 먼 지방 사람이 복종하지 않는데도 능히 오게 하지 못하며, 나라가 분열되고 무너지는데도 능히 지키지 못하며, 그러면서도 창과 방패를 나라 안에서 사용할 것을 꾀하고 있다. 나는 계손(季孫, 계씨)의 근심이 전유에 있지 않고 병풍 안에 있을까 두렵구나.[117]

흔히 리더는 자신이 이끄는 조직을 키우겠다며 외적인 확장에 치중하는 경우가 많다. 조직 외부의 인적, 물적 자원을 자기 것으로 만들어 몸집을 키우겠다는 것이다. 하지만 공자가 보기에 중요한 것은 먼저 내부부터 튼튼하게 만드는 일이다. 구성원들에게 균등한 기회와 혜택이 돌아가고 있는지를 살피고, 구성원들이 안심하고 각자의 삶을 살아갈 수 있도록 만들어주어야 한다. 그리되면 굳이 외부로의 확장을 도모하지 않아도 조직은 저절로 성장하게 된다. 밖에 있는 사람들이 자발적으로 찾아오기 때문이다. 강한 구심력이 발휘되는 것이다. 반면에 내부를 다져놓지 않고 밖으로만 눈을 돌리다 보면 그 집단은 작은 위험에도 쉽게 흔들린다. 기초가 부실하기 때문

---

117) 『논어』, 「계씨」, "丘也聞, 有國有家者, 不患寡而患不均, 不患貧而患不安. 蓋均無貧, 和無寡, 安無傾. 夫如是故, 遠人不服, 則修文德以來之, 旣來之, 則安之. 今由與求也, 相夫子, 遠人不服而不能來也, 邦分崩離析而不能守也, 而謀動干戈於邦內, 吾恐季孫之憂不在顓臾而在蕭墻之內也."

이다. 공자의 경고에도 불구하고 전유 땅을 노리다가 가신(家臣) 양호의 반란으로 위기에 몰리게 된 계씨처럼 말이다.

논어의 이 대목은 조선 사회에서도 자주 인용된다. 주로 국가 제도와 법이 백성들에게 공평하게 적용되고 있느냐를 논의할 때 쓰였다. 조선 초기의 토지조세제도인 공법(貢法), 조선 중기의 대동법, 양역변통(良役變通) 작업 등을 시행하는 과정에서 바로 이 구절이 정당성의 근거로 제시되었다. 양역변통에 관한 발언을 보자.

우리 나라는 땅이 좁고 백성이 적어서 군사를 양성하는 일에 온 나라가 총력을 기울이더라도 오히려 부족할까 걱정해야 합니다. 하온데 그 적은 인구조차도 신분별로 구분하였으니, 놀기만 하고 게으른 자가 열에 여덟아홉을 차지하고, 간신히 남아 있는 선량한 백성에게만 유독 군역을 부담시키고 있습니다. 공자께서는 땅과 백성이 적은 것을 걱정하지 말고 고르지 못함을 근심할 것이며, 부족함을 걱정하지 말고 상하가 편안하지 못함을 근심하라고 하셨습니다. 균등하면 가난하지 않고, 화합하면 부족하지 않고, 편안하면 나라가 위태롭지 않다고도 하셨습니다. 지금 군역의 고르지 못함이 이런 지경에 이르렀으니 무슨 방법이 있어 백성의 마음을 하나로 묶어 나라가 뒤엎어지지 않도록 할 수 있겠습니까?[118]

---

118) 『효종실록』 10년 2월 11일

조선시대에 백성들이 부담했던 3대 의무, '토지세, 신역, 공납' 중 하나인 '신역(身役)'은 16~60세 사이의 양인(良人)[119] 남성에게 부과되었기 때문에 '양역(良役)'이라고 불렸다. 일정 기간을 군대에 복무하는 '군역'이 대표적이다. 국가는 현역 복무자인 '정군(正軍)' 외에 국방경비를 부담하는 '보인(保人)'을 두고 매년 군포 2필을 징수했는데, 전쟁과 대기근으로 인구가 급감하면서 문제가 발생한다. 전후 복구와 국방력 확충 등 늘어나는 재정 수요에 대한 부담이 백성들에게 몇 배로 가중된 것이다. 더욱이 양반이나 부유한 평민들은 납세자 대장에서 빠져나갔기 때문에 군역에 대한 백성들의 원망은 하늘을 찌르고 있었다.

이에 국가에서는 양역 개혁 작업을 추진하게 되는데 영조에 이르러 결실을 맺는다.

백성은 나라의 근본이니 근본이 튼튼해야 나라가 태평하다고 했다. 오늘날 이 나라는 과연 근본이 튼튼하다고 말할 수 있는가? 백성들이 편안하다고 말할 수 있는가? 지금 백성들은 도탄에 빠져 있다. (……) 균역법(均役法)을 실시하는 것은 선대왕들의 뜻을 이어받아 백성을 소중히 여겨 나라의 근본을 튼튼하게 하고자 함이다.[120]

여기서 '균'역법이라는 이름이 앞서 소개한 공자의 가르침을 따른 것

---

119) 천민을 제외한 모든 백성
120) 『영조실록』 26년 7월 3일

이다.[121]

무릇 국가가 요구하는 조세나 의무가 일부에게만 부과된다면 그것은 국가의 자원을 효율적으로 활용하지 못하는 것일 뿐 아니라, 불평등 때문에 누적된 불만이 공동체의 화합을 저해할 것이다. 왜 나만 세금을 내야 하는지에 대한 합리적인 이유가 없는데도 흔쾌히 세금을 낼 사람은 없다. 낸다고 해도 그저 처벌이 두려워서 어쩔 수 없이 내는 것이다.

그렇다면 어떻게 해야 할까? 공자가 강조한 대로 국가에 대해 짊어지는 의무가 균등하게 배분되고, 국가가 주는 혜택이 고르게 퍼지며, 국가의 법과 시스템이 공정하게 운용되어야 한다. 주자(朱子)는 이 '균등'의 의미를 구성원들이 각기 알맞은 분수를 얻는 것이라고 해석했는데,[122] 이것도 같은 맥락이다. 백성에게는 각자의 역할과 능력에 따라 적합한 자리가 배분되어야 하며 골고루 기회가 주어져야 한다. 그래야 백성들이 가난하지 않고 부족함이 없어져 서로 화합할 수 있는 것이다.

'편안함'도 중요하다. 백성은 나라가 전쟁, 범죄, 재해, 질병 등의 위협으로부터 자신을 보호해주길 바란다. 아무런 걱정 없이 자신의 일과 삶에 집중할 수 있길 원한다. 이는 백성의 기대일 뿐 아니라 국가의 마땅한 책임이기도 하다. 구성원들의 충성도와 소속감을 높이고, 국가의 자산과 역량을 최대화하려면 구성원들에게 가해지는 내

---

121) 『영조실록』 26년 5월 17일

122) 『논어집주』, 「계씨」, "均, 謂各得其分."

외부의 위협을 해소하고 그들을 편안하게 만들어주어야 한다. 공자가 편안하지 못함을 근심해야지 재물이 부족함을 근심할 필요가 없다고 말한 것은 그래서이다.

앞에서도 말했다시피 오늘날 국가나 기업, 각종 집단을 이끄는 사람들은 외형적인 성장을 성공의 지표로 삼곤 한다. 규모가 확대되고, 구성원들이 늘어나며, 자본금이 증대되는 것, 물론 중요한 일이다. 구성원들에게 더 많은 혜택을 주기 위해서라도 그만큼 파이는 커져야 할 것이다. 하지만 내적으로 건강하지 못한 상태에서 외적으로 성장하는 것이 옳은 길일까? 장기에 이상이 생기고 혈관 곳곳이 막힌다면, 키가 아무리 커지고 체중이 늘어봤자 그는 환자일 뿐이다.

일찍이 율곡 이이는 국가의 진원지기(眞元之氣)라 할 수 있는 백성이 튼튼해야 나라도 제자리를 찾게 된다고 했다. 진원지기가 약한 사람은 아무리 훌륭한 자질과 성품을 가졌다고 해도 요절하고 말듯이, 비옥한 땅과 많은 인구를 가진 나라라 해도 진원지기인 백성이 약하다면 오래가지 못한다. 조직이 커지기를 바라기에 앞서 구성원들에게 눈을 돌려야 하는 것이다. 구성원들이 균등하고 안전하게 살아가는 것, 공동체의 성장은 그 지점에서부터 비로소 시작된다.

15

두려워하되 힘껏 도모하고,
조심스럽되 앞으로 나아간다

세종실록과 영조실록 속의 논어 술이 편

그대는 일찍이 사관(史官)을 지내며 나를 지켜보았으니 백성을 걱정하는 내 마음을 잘 알고 있을 것이다. 지금 그대가 부임하는 고을에는 흉년이 들었다. 무엇보다 백성을 구제하기 위한 대책을 세우는 일에 힘쓰도록 하라.[123]

1427년(세종 9년), 세종은 새로 칠원(漆原)[124] 현감으로 부임해 가는 양봉래(梁鳳來)에게 이렇게 당부했다. 양봉래가 "신이 시골에서 자란지라 민간의 사정을 어느 정도 알고 있지만, 저의 성품이 워낙 용렬하고 어리석으므로 책임을 완수하지 못할까 두렵습니다."라고 걱정하자 세종은 "대개 일을 쉽게 여기고 덤벼들면 실패하지만, 그 일을 어렵게 여기고 해나간다면 반드시 성공하는 법이다. 지금 그 마음가짐으로 노력하면 될 것이다."라며 그를 격려했다.[125]

세종은 여진족에 대한 방어 대책을 세우는 자리에서도 비슷한 말을 했다.

사람이 꾀를 다 쏟아내어 도모했는데도 일이 되지 않는다면 그것은 운명이니 어쩔 수 없는 것이다. 하지만 도모한 바가 지극하지 않았으면서 어쩔 수 없다고 말한다면, 두려운 마음으로 일에 임하되 지모를 내어 일을 성사시키라는 가르침에 어긋나는 것이 아니겠는가? 지

---

123) 『세종실록』 9년 12월 8일
124) 지금의 경상남도 함안 지역
125) 『세종실록』 9년 12월 8일

15. 두려워하되 힘껏 도모하고, 조심스럽되 앞으로 나아간다

금 여러 계획이 세워졌고 논의도 지극하였으나, 도모할 것을 다 도모했다고 말하지 말고 다시 꾀를 내어 도모해보도록 하라. 의논할 것은 다 의논했다고 말하지 말고 다시 의논해보도록 하라.[126]

국경지휘관과 조정 대신들의 의견을 종합하여 방책을 확정하기는 했지만, 이것으로 끝내지 말고 혹시라도 놓친 부분은 없는지, 더 좋은 생각은 없는지 꼼꼼하게 다시 살펴보라는 것이다.

이 밖에도 1449년(세종 31년) 명나라에서 '토목(土木)의 변'[127]이 일어나 명나라 황제가 몽골계 오이라트족의 포로로 잡히는 등 북방의 정세가 심상치 않자 세종은 이렇게 말했다.

이 소식을 처음 듣고 사람들이 모두 어쩔 줄 몰라 소란스러워했지만, 내 생각에는 한편으로는 두렵지만 또 한편으로는 무서워할 필요가 없다고 본다. 옛사람은 큰일을 당하게 되면 반드시 두려운 마음으로 일에 임하되 힘껏 도모하여 성사시키라고 하였다. 일에 임할 때 두려워하라는 것은 심사숙고하고 조심해야 할 바가 있다는 것을 말함이요, 힘껏 도모하여 성사시키라 함은 두려워하고만 있지 말라는 것이

---

126) 『세종실록』 22년 6월 20일

127) '토목의 변'이란 명나라 황제 정통제가 신하들의 반대에도 불구하고 북쪽 국경을 침범한 몽골계 오이라트족 정벌에 나섰다가 대패하고 포로로 붙잡힌 사건을 말한다. 조선왕조실록은 오이라트족을 '달달(達達)'이라고 기록하고 있는데 달달은 타타르를 말하는 것으로, 당시 몽골은 크게 타타르와 오이라트족 연맹으로 양분되어 있었다. 조선 조정은 이 둘을 구분하지는 못했던 것 같다.

다. 그러므로 지금 너무 두려워하며 소요를 일으킬 것도 없고, 또 두려워하지 않아 방비를 잊어서도 안 되는 것이다.[128]

중국에 큰 변란이 일어났다고 해서 당장 조선에 무슨 일이라도 벌어질 것처럼 공포에 떨 필요는 없다. 단지 그 변란의 불씨가 조선으로 번지지 않도록 주의를 기울이고 만반의 대비를 갖추라는 것이다.

이상 세 가지 사례에서 세종은 공통적으로 하나의 메시지를 강조한다. 일을 쉽게 여기지 말고 조심스럽게 접근하되 모든 역량을 집중하여 성공시키라는 것이다. 이를 위해 세종은 『논어』「술이(述而)」편의 대목을 인용했는데, 위의 세종의 언급 중 '가르침', '옛사람'이라는 표현은 모두 이것을 가리킨다.

자, 그렇다면 「술이」편의 내용을 보자. 어느 날 애제자 안연(顏淵, 안회), 자로와 더불어 한담을 나누던 공자가 안연에게 말했다. "등용해주면 나아가 백성을 위한 도를 펼치고, 버림을 당하면 미련 없이 떠나 은둔하는 것, 이는 오직 나와 너만이 할 수 있는 일이 아닐까?" 그러자 안연만을 높이 평가하는 공자의 말에 질투를 느꼈던지 자로가 물었다. "선생님, 삼군(三軍)을 통솔하실 일이 있다면 그것은 누구와 함께하시겠습니까?" 자로는 공자가 그것은 너와 함께하겠다고 말해주길 기대했을 것이다. 공자의 제자 중에 용맹과 무예가 뛰어나기로 가장 이름이 높았던 사람이 바로 자로였기 때문이다. 하지

---

128) 『세종실록』 31년 9월 2일

만 공자의 대답은 자로의 바람과는 어긋나는 것이었다.

나는 맨손으로 호랑이를 잡으려 하고, 맨몸으로 강을 건너려 하다가 죽어도 후회함이 없는 자는 함께하지 않을 것이다. 나는 일에 임할 때는 두려워하되 힘껏 도모하여 일을 성사시키고 마는 사람, 그런 사람과 함께할 것이다.[129)]

여기서 공자는 자로의 급하고 무모한 성격을 일깨워줌과 동시에 일을 성공시키기 위해 필요한 자세가 무엇인지를 이야기해주고 있다. 무엇보다 일을 두려워할 줄 알아야 한다는 것이다. 두려워하라는 것은 일을 어렵게 여기고 도전하기를 주저하라는 뜻이 아니다. 내가 과연 그 일을 해낼 수 있을지 의심하라는 것이 아니다. 세종의 설명을 빌리자면 그것은 조심하라는 의미이다. '조심'이란 단어에서 '조(操)' 자는 손(扌)으로 나무 위에 앉은 세 마리의 새(木+品)를 잡는 모습을 형상화한 것이다. 아무런 준비 없이 무작정 다가서게 되면 새는 이내 날아가 버리고 말듯이 작고 사소해 보이는 일이라 할지라도 절대로 가볍게 여기지 말고 차분히 임해야 한다. 모든 가능성을 따져보고 예상되는 위험에 철저히 대비하라는 뜻에서 공자는 "두려워하라"고 말한 것이다.

그런데 일의 성공을 위해서는 두려워하기만 해서는 안 된다. 다리

---

129) 『논어』, 「술이」, "子謂顏淵曰, 用之則行, 舍之則藏, 惟我與爾有是夫. 子路曰, 子行三軍, 則誰與? 子曰, 暴虎馮河, 死而無悔者, 吾不與也. 必也臨事而懼, 好謀而成者也."

가 안전한지 확인한다고 계속 두들겨보기만 하다가 건너야 할 때를 놓쳐서는 안 되듯이 말이다. 일을 어렵게 여기고 신중히 생각하며 빈틈없이 준비함과 동시에 자신의 지혜와 역량을 남김없이 발휘하여 앞으로 나아가야 하는 것이다. 공자가 "두려워하되 힘껏 도모하여 일을 성사시키라"고 강조하는 까닭이다.

더불어 이 '도모'는 개인적 차원에 한정되지 않는다. 공동체의 차원에서 보자면 여러 사람들의 지혜와 의견, 즉 집단지성을 모은다는 의미로 사용되기도 한다. 영조는 군포를 개혁하고 균역법을 제정하는 과정에서 궁궐문 밖에 나가 백성들의 의견을 직접 청취하곤 했다. 그때 이런 말을 남겼다.

> 이미 양역을 변통하기 위한 계획들이 상세하게 검토되었고 추진할 방향도 어느 정도 정해졌지만 공자가 말하길 "일에 임할 때는 두렵게 여기고, 힘껏 도모하여 일을 성취해야 한다."라고 하였다. 두렵게 여긴다는 것은 조심하는 것이고, 힘껏 도모한다는 것은 여러 사람들의 모책(謀策)를 모은다는 뜻이다. 지금 삼복더위에도 불구하고 내가 또다시 백성들 앞에 나선 것은 그 때문이다. 부디 그대들은 각자의 생각을 남김없이 다 말하라.[130]

무릇 어떤 일이든 완벽히 똑같은 일은 없다. 따라서 일을 한다는 것

---

130) 『영조실록』 26년 7월 3일

은 가지 않은 길을 가보는 것이고, 길이 나지 않은 산을 오르는 것이다. 산 정상을 이정표 삼아 꾸준히, 있는 힘껏 올라가되 발생할 수 있는 위험에 항상 주의를 기울여야 한다. 너무 급하게 올라가다 보면 금세 지친다. 함부로 발을 내딛다 보면 헛디디기 쉽다. 중도에 무서운 산짐승을 만나게 될 수도 있다. 공자의 가르침처럼 두려워하되 있는 힘껏 도모하는 것, 조심스럽게 도전하되 내가 가진 모든 꾀와 힘을 모아 앞으로 나아가는 것, 그러한 마음가짐이 무엇보다 중요한 이유이다.

16

말로 가르치는 자에겐 따지고,
몸으로 가르치는 자에겐 따른다

세종실록, 명종실록, 승정원일기, 고종실록 속의 논어집주 안연 편

1881년(고종 18년), 조야(朝野)의 존경을 두루 받던 유학자 송병선(宋秉璿, 1836~1905)은 고종에게 다음과 같이 건의했다. "세자를 잘 보호하고 이끄셔서 나라의 근본을 튼튼히 해야 합니다. 특히, 옛말에 말로 가르치는 자에게는 따지고, 몸으로 가르치는 자에게는 따른다고 하였습니다. 전하께서 세자를 가르치실 때는 어떤 일이든 항상 행동으로 솔선수범하시옵소서."[131] 영조 때 호조판서 이태좌(李台佐, 1660~1739)도 비슷한 말을 한 적이 있다. "말로 가르치는 자에게는 따지고 몸으로 가르치는 자에게는 따른다고 하였습니다. 전하께서는 더욱 부지런히 학문을 닦고 아랫사람을 정성스럽게 대함으로써 세자께 몸소 모범이 되어주시옵소서."[132]

세자와 임금의 경우를 예로 들고 있지만, "말로 가르치는 자에게는 따지고, 몸으로 가르치는 자에게는 따른다."라는 교훈은 사실 모든 부모 자식 관계에 해당하는 말이다. 부모가 본인들은 하지 않은 것을 자식에게 요구한다면, 평소 행동과 상반되는 내용을 자식에게 가르치려 든다면, 자식은 이를 흔쾌히 받아들이지 않는다. 심지어 부모에게 따지고 반발하기도 한다. 아버지가 책을 거들떠보지도 않으면서 자식에게는 책을 읽지 않는다고 야단을 친다면, 과연 그 말에 권위가 실릴 수 있을까? 자식이 어떠하기를 기대한다면 부모가 먼저 그렇게 행동해야 한다. 가르침이 말로만 머물지 않고 행동으로 나타날 때 비로소 자식은 그것을 보고 배우는 것이다.

131) 『고종실록』 18년 11월 30일
132) 『승정원일기』 영조 3년 10월 3일

이 구절은 공자의 말로 알려져 있으나 정확히는 주자가 『논어』에 붙인 주석이다. 노나라의 실권자 계강자(季康子)가 공자에게 "제가 만일 무도한 자를 죽여서 도를 실현하겠다면, 이는 어떻습니까?"라고 묻자, 공자는 "그대가 정치를 하면서 어찌 죽이는 일을 하려 합니까? 그대가 선(善)하고자 하면 백성들도 선해지는 것입니다. 군자의 덕이 바람이라면 소인의 덕은 풀이니, 풀 위에 바람이 불면 풀은 반드시 쓰러집니다."[133]라고 대답했다. 여기에 주자가 "죽인다는 말이 어찌 윗사람으로서 할 말인가? 몸으로 가르치는 자에게는 따르고 말로 가르치는 자에게는 따지는 법이다."[134]라는 북송 대의 학자 윤돈(尹焞)의 말을 인용하여 덧붙였다. 리더가 자신이 직접 모범을 보이며 뭇사람들을 올바로 이끌 생각은 하지 않고, 폭력적인 수단으로 도를 이루겠다는 잘못된 말이나 하고 있다는 것이다.

이처럼 누군가에게 무엇을 따르라고 지시하려면 명령하는 사람이 먼저 솔선수범해야 한다. 윗사람이 실천하고 준수하는 모범을 보여야 아랫사람들도 기꺼이 따르게 된다. 명종 때의 사례를 보자. 하루는 사치하는 풍조를 근절하기 위한 대책을 논의한 적이 있었다. 너도나도 비싼 수입품을 찾다 보니 밀거래가 성행하고 재물의 낭비도 심하다는 것이었다. 이에 사간원에서는 지도층부터 검소와 절약을 실천해야 한다고 강조했다.

---

133) 『논어』, 「안연(顏淵)」, "季康子問政於孔子曰, 如殺無道, 以就有道, 何如? 孔子對曰, 子為政, 焉用殺, 子欲善, 而民善矣. 君子之德, 風, 小人之德, 草, 草上之風, 必偃."
134) 『논어집주』, 「안연」, "尹氏曰, 殺之為言, 豈為人上之語哉? 以身教者從, 以言教者訟."

요즘 사치가 유행을 이루어 중국 물품을 즐겨 사용하는데, 심지어 옷을 만들 때도 전적으로 중국 비단을 이용합니다. 이런 습성 자체를 바로잡지 않는 한, 무역을 통제한다고 해서 이 문제가 해결되겠습니까? 비록 법전에 비단옷을 입어도 된다고 허용하고 있으나, 예전에는 재상일지라도 이런 옷을 입지 않았습니다. 그런데 지금은 당상관만 되면 너도나도 비단옷을 만들어 입고 있으니, 비단을 구하기 위해 역관과 결탁하고 역관 또한 그 청탁을 들어주지 않을 수 없는 형편입니다. (……) 옛사람이 "몸으로 가르치는 자에게는 따르지만 말로 가르치는 자에게는 따진다."라고 하였듯이 위에서 먼저 절약과 검소를 실천한 후에야 비로소 사치의 풍조를 제거할 수 있을 것입니다. 왕실에서 필수적으로 사용하는 물건과 약재, 서책, 궁각(弓角)[135] 외에는 일체의 무역을 금지하고, 비단으로 만든 의복은 가의(嘉義, 종이품) 이하로는 착용하지 못하게 하옵소서.[136]

세종 때도 이 문제에 관한 일화가 있다. 세종이 궁궐 안에 법당을 만들고 불공(佛供)을 드리려고 하자 신하들이 강하게 반발했다.

전하께서 불교와 관련된 일을 행하는 것은 대단히 옳지 못합니다. 위에서 이렇게 해놓고 앞으로 장차 어떻게 백성들을 계도할 수 있겠습니까? 옛사람의 말에 몸으로 가르치는 자를 따른다고 하였습니다.

---

135) 활을 만드는 재료가 되는 뿔
136) 『명종실록』 7년 4월 20일

백성이 보고 본받는 것은 모두 임금 한 몸에 달려 있는데, 지금 전하께서 스스로 의리가 아닌 것을 행하시니, 이후 다른 사람이 잘못된 일을 한다고 해도 어찌 금하실 수 있겠습니까?[137]

이단 배척에 앞장서야 할 임금이 도리어 이단인 불교를 추종하니, 장차 백성들이 이단을 따르지 않도록 어떻게 가르치고 이끌어주겠냐는 것이다. 또한 임금이 스스로 도리에 어긋나는 일을 하고 있으니, 앞으로 다른 사람의 잘못에 대해 이래라저래라 할 수 있겠느냐는 힐문이었다.

무릇 '말'만 가지고 사람을 움직일 수는 없다. 우리가 어떤 말을 기꺼이 따르는 것은 그 말을 무조건 따라야 하기 때문이 아니라, 따르고 싶은 마음이 들기 때문이다. 특히 말을 한 사람의 행동이 그 말과 일치한다면, 우리는 자발적으로 납득하고 수용하게 된다. 마찬가지로 우리가 어떤 말에 감동한다면 그것은 그 말이 좋고 멋있어서가 아니라, 말을 한 사람의 행동이 그 말과 일치하기 때문일 것이다. 그래서 배우고 싶고, 본받고 싶은 마음이 생기는 것이다.

그러므로 부모가 자식을, 상사가 부하직원을, 스승이 제자를 따르게 하려면 '말'만으로는 부족하다. 몸소 실천하고 솔선수범할 때 그것이 최고의 가르침이 된다. 그래야 윗사람에게는 도덕적 권위가 생기고 아랫사람은 윗사람을 믿고 따르게 된다. 자기 자신에게는 관대

---

137) 『세종실록』 30년 7월 19일

하면서 아랫사람에게만 엄격한 리더를 진심으로 따르는 경우를 본 적이 있는가? 자신은 제대로 하지 않으면서 아랫사람에게만 잔소리를 하는 윗사람을 신뢰하는 경우를 본 적이 있는가? 결국, 말보다 행동이 중요한 것이다.

17

돌아가신 부모님을 기리는
최소한의 시간은 3년이다

세종실록과 단종실록 속의 논어 양화 편

1454년(단종 2년) 1월, 단종의 혼인을 앞두고 조정에서는 논쟁이 벌어졌다. 선왕 문종에 대한 삼년상이 끝나지 않은 상황에서 왕비를 맞아들이는 것이었기 때문이다. 상복을 입고서는 혼인을 하는 것도, 중궁전에 들어가는 것도 모두 불가하니 이참에 단상(短喪)[138] 하자는 의견과 삼년상을 치르며 상복을 입는 것은 반드시 지켜야 할 도리이므로 혼인식을 거행하는 3일간만 예외로 하고 다시 상복을 입자는 의견이 맞섰다. 당시 실권을 장악하고 있던 수양대군의 결정에 따라 전자로 결론이 나기는 했지만, 후자를 고집하는 신하들의 입장도 완강했다. 이들은 "왕비를 맞아들이는 일은 작은 예절에 불과하나, 삼년상은 고금천하(古今天下)에 절대 바꿀 수 없는 대법(大法)인데, 어찌 왕비를 맞아들인다는 이유로 대법을 파괴하겠습니까?"[139]라고 하였다. 그러면서 반드시 삼년상을 지켜야 하는 이유로 논어에 나오는 공자와 제자 재아(宰我)의 대화를 거론했다.

어느 날 재아가 공자에게 삼년상은 너무 길다며 1년만 해도 충분하지 않겠느냐고 물었다. 재아는 "군자가 3년 동안 예를 행하지 않으면 예는 필시 무너지고 말 것이고, 3년 동안 음악을 익히지 않으면 음악이 필시 무너지고 말 것입니다. 묵은 곡식이 없어지고 새 곡식이 여무는 것이 1년이요, 불을 일으킬 때 사용하는 나무를 바꾸는 것도 1년입니다. 그러니 부모님을 위해 상복을 입는 것도 1년으로 마쳐도 좋다고 생각합니다."라고 이야기했다. 그러자 공자가 되물었다.

---

138) 삼년상의 기간을 줄여 1년만 지내는 것
139) 『단종실록』 2년 1월 21일

"1년 만에 쌀밥을 먹고 비단옷을 입으면 네 마음이 편안하겠느냐?" 재아가 "편안합니다."라고 답하자 공자가 꾸짖었다. "네가 편안하다면 그리해라. 군자는 상중에 있을 때 맛있는 음식을 먹어도 맛나지 않고, 음악을 들어도 즐겁지 않으며, 편하게 있어도 편안하지가 않다. 이 때문에 그렇게 하지 않는 것이다. 이제 네가 편안하다면 그리해라." 재아가 밖으로 나가자 공자는 탄식했다. "재아는 어질지가 못하구나. 자식은 태어나서 3년이 지난 뒤에야 부모의 품을 벗어난다. 삼년상은 천하의 공통된 상이니, 재아는 3년의 사랑을 부모에게서 받지 않은 것인가?"[140]

아이가 태어난 지 3년이 될 때까지는 혼자 힘으로 아무것도 하지 못한다. 부모가 젖을 먹여주고 길러주어야 한다. 부모님이 돌아가신 후 치르는 삼년상은 그 사랑에 대한 최소한의 보답이다. 부모님으로부터 받은 사랑이 어찌 태어난 후 3년 동안만이고 부모님의 크나큰 은혜를 기리는 것이 어찌 3년만으로 충분하겠느냐만, 내가 전적으로 부모님의 보살핌을 받았던 그 3년의 기간만큼이라도 정성을 다해 부모님을 기리라는 것이다. 이는 천하에 통용되는 예의로서 임금이건 선비이건 일반 평민이건, 남자이건 여자이건, 어느 민족이건 간에 반드시 지켜야 할 도리라는 것이 공자의 생각이다.

---

140) 『논어』, 「양화」, "宰我問, 三年之喪, 期已久矣. 君子三年不爲禮, 禮必壞, 三年不爲樂, 樂必崩. 舊穀旣沒, 新穀旣升, 鑽燧改火, 期可已矣. 子曰, 食夫稻, 衣夫錦, 於女安乎? 曰, 安. 女安則爲之, 夫君子之居喪, 食旨不甘, 聞樂不樂, 居處不安, 故不爲也. 今女安則爲之. 宰我出, 子曰, 予之不仁也! 子生三年然後, 免於父母之懷. 夫三年之喪, 天下之通喪也. 予也有三年之愛於其父母乎?"

3년간 부모의 뜻을 바꾸지 않는다는 '삼년무개어부지도(三年無改於父之道)'라는 말도 그래서 나왔다. 『논어』「학이」 편에서 유래한 것으로, 공자가 "어버이가 살아 계실 때는 그 뜻을 살피고, 어버이가 돌아가셨을 때는 그 행적을 살펴서 삼년상을 지내는 동안 어버이가 가시던 길을 바꾸지 않는다면 효성스럽다고 말할 수 있다."[141]라고 말한 데서 가져온 것이다. 요즘도 유교문화권 국가에서는 아버지의 뒤를 이어 기업총수가 되는 등 후계를 승계한 자식들이 삼년상을 치르는 동안은 아버지의 방침을 그대로 승계하며 유지하는 문화가 남아 있다. 중국이나 북한에서는 이를 '유훈통치 기간'이라고 부르기도 한다. 개인도 마찬가지다. 삼년상이 끝나지 않았는데 부모님의 유품을 마음대로 처분한다거나, 부모님 뜻과는 반대되는 일을 한다면 곧바로 윤리적 비난이 쏟아지는 것을 볼 수 있다.

물론 여기서의 '3년'은 고정불변이 아니다. 어떤 일이 있더라도 3년 동안 절대 바꿔서는 안 된다거나, 반대로 3년이 지나면 마음대로 바꿔도 된다는 의미가 아니다. 주자는 이 구절에 주석을 달며 "만일 도리에 합당한 것이라면 평생토록 고치지 않더라도 괜찮거니와 만일 도리에 어긋나는 것이라면 어찌 3년을 기다리겠는가?"[142]라는 윤

---

141) 이 부분은 "어버이가 살아 계실 때는 (자식의) 뜻을 살피고 어버이가 돌아가시면 (자식의) 행동을 살펴 (그 자식이) 삼년상을 치르는 동안 어버이의 길을 바꾸지 않는다면 효성스럽다고 말할 수 있다."라고 해석하기도 한다. '其'의 주체가 어버이가 아닌 자식이 되는 것이다. 살아 계실 때 뜻을 살핀다는 것은, 어버이가 생존해 계시므로 자식이 마음대로 행동할 수 없으나 그 뜻은 확인할 수 있다는 의미이다(『논어』, 「양화」, "子曰, 父在觀其志, 父沒觀其行, 三年無改於父之道, 可謂孝矣").

142) 『논어집주』, 「학이」, "尹氏曰, 如其道, 雖終身無改, 可也. 如其非道, 何待三年?"

돈의 말을 인용했다. 3년이라는 시간이 기준이 아니라 도리에 맞느냐 안 맞느냐가 기준이라는 것이다.

세종 때의 사례를 보자. 대사헌 신개(申槩)는 관리의 임명장인 고신(告身)을 발부할 때 대간의 동의를 받도록 하는 규정을 부활시키자고 주장했다. 이 규정은 태조가 축소한 것이었기 때문에 세종이 고치기를 주저하자, 신개는 "공자께서 3년 동안은 아버지의 도를 고쳐서는 안 된다고 하셨으나, 도리에 합당한 것이 아니라면 마땅히 고쳐야 합니다. 조종의 법이라 해도 변경할 수 없는 것이 있고 변경할 수 있는 것이 있습니다."[143]라고 하였다. 그는 도리에 어긋나는 것을 고치는 것 역시 효도라고 설명한다.

요컨대, 삼년상에서의 '3년'은 무조건 묵수해야 할 절차가 아니다. 부모님의 그림자에서 머물러야 하는 기다림의 기간도 아니다. 다만 최소한 3년간만이라도 부모님의 은혜를 되새기고 살아 계셨을 때의 자취와 가르침을 돌아보며, 부모님의 유지를 계승해갈 방법을 생각해보라는 뜻이다. 현대사회에서는 49일이나 100일로 탈상을 하는 경우가 많은데, 물론 우리가 옛날처럼 3년간 굴건제복을 입고 시묘를 살 필요는 없을 것이다. 하지만 최소한 3년이라도 마음속으로 상례를 치르는 '심상(心喪)'을 지내야 하지 않을까? 그것이 부모님이 우리에게 주신 사랑에 대한 최소한의 도리이다. 부모님 없이 살아가야 할 세상을 앞두고, 부모님의 가르침을 떠올리며 성숙을 준비하는 시간이기도 하다.

---

143) 『세종실록』 14년 8월 21일

2부

실록 속의
맹자, 대학, 중용

18

만물이 다른 것은
자연의 이치이다

세종실록, 정조실록, 순조실록 속의 맹자 등문공상 편

몇 년 전, 시진핑 중국 국가주석은 보아오〔博鰲〕 포럼 개막식 기조연설에서 "만물이 제각기 다른 것은 자연의 이치이다."라는 맹자의 말을 인용했다. 그러면서 "서로 다른 문명 사이에 우열은 없다. 오직 특색의 차이가 있을 뿐"이라고 부연했다. 각각의 문명, 나라의 차이를 존중하면서 서로 장점을 배우며 공동 번영을 추구하자는 것이었다.

『맹자』「등문공상(滕文公上)」편에 나오는 이 말은 시장에서 물건의 가격을 어떻게 정해야 할지에 대해 토론하면서 등장한다. 맹자의 제자 진상은 "만약 허자(許子)[144]가 말하는 도리를 따른다면 시장의 물건값은 차이가 없어져서 나라 안에 거짓이 사라질 것이니, 설령 어린아이를 시장에 보낸다고 하더라도 그를 속이는 사람이 없을 것입니다. 베와 비단의 길이가 같으면 값이 서로 같고, 굵은 베와 가는 베 또는 삼과 실, 견사와 솜의 무게가 같으면 값이 서로 같으며, 오곡의 수량이 같으면 값이 서로 같고, 신발의 크기가 같으면 값이 서로 같을 것입니다."[145]라고 주장했다. 물건의 수량이나 단위가 같으면 그 가격 또한 동일하게 만들어야 한다는 것이다. 그리하여 물건값이 균일하게 되면 안정적인 예측이 가능하고, 백성들도 더욱 편리하게 시장을 이용할 수 있다는 생각이었다.

그러자 맹자가 반박했다.

---

144) 맹자와 동시대의 인물로 제자백가 중에서 농가(農家)에 속한다.

145) 『맹자』, 「등문공상」, "從許子之道, 則市賈不貳, 國中無僞, 雖使五尺之童適市, 莫之或欺. 布帛長短, 同則賈相若, 麻縷絲絮輕重, 同則賈相若, 五穀多寡同, 則賈相若, 屨大小同, 則賈相若."

무릇 만물이 제각기 다른 것은 자연의 이치이다. 어떤 물건의 가격은 차이가 두 배가 되고, 다섯 배가 되며, 또 어떤 물건은 차이가 열 배, 백 배가 된다. 천 배, 만 배의 차이가 나는 물건도 있다. 그런데 그대는 모든 물건의 값을 똑같이 하려 하니, 이는 천하를 혼란스럽게 만들 뿐이다. 큰 신과 작은 신의 값이 똑같다면 사람들이 무엇 하러 큰 신을 만들겠는가? 허자의 도리를 따른다면 서로 이끌고서 거짓을 행할 것이니, 어찌 나라를 다스릴 수 있겠는가.[146]

물건마다 종류가 다르고 품질도 다르다. 희소성도 다르고 값어치도 다르다. 만약 이를 무시하고 가격을 획일화한다면, 시장의 질서가 교란되고 양질의 물건도 사라져버린다는 것이 맹자의 판단이다.

『맹자』의 이 대목은 실록에도 등장한다. 1795년(정조 19년) 좌의정 유언호(俞彦鎬)는 곡식 가격을 고정하여 물가를 안정시키자고 건의했다.

분기마다 조정에서 방출하는 미곡이 1만여 석 가까이 되는데도 여전히 시장의 가격은 조금도 안정되는 효과를 보지 못하고 있습니다. 이는 부유한 상인들이 사재기를 하여 미곡의 유통을 막고 이익을 독점하고 있기 때문입니다. 그것이 아니라면 대체 방출한 곡식들이 어디로 사라졌단 말입니까? 곡식의 가격을 늘 안정되게 유지하기 위해서는 이들이 가격을 조작하도록 좌시해서는 안 됩니다. 속히 평시서(平

---

146) 『맹자』, 「등문공상」, "日夫物之不齊, 物之情也. 或相倍蓰, 或相什伯, 或相千萬, 子比而同之, 是亂天下也. 巨屨小屨同賈, 人豈爲之哉? 從許子之道, 相率而爲僞者也, 惡能治國家!"

市署) 제조(提調)로 하여금 민정을 자세히 살피고 시장의 폐단을 널리 자문하게 하소서. 그다음 이를 참작하여 지난 몇 년 동안의 평균을 토대로 가격을 고정하소서.[147)

하지만 정조는 동의하지 않았다.

말은 좋은 말이다. 그러나 나라에서 획일적으로 가격을 정해놓으면 그로 인한 문제는 사소한 데 그치지 않는다. 무릇 만물이 제각기 다른 것은 자연의 이치이고, 더군다나 장사꾼들은 이익을 추구하는 자들이다. 가격을 고정해놨다가 저들이 도성 시장에서 이익을 얻지 못하겠다고 판단한다면 어찌하겠는가? 저들이 싣고 오던 물자를 들고 배를 돌려 다른 곳으로 가지 않는다고 어찌 보장하겠는가?[148)

물가는 시장에서 자율적으로 결정되어야 한다. 나라에서 가격을 고정해놓는 것은 자연의 이치를 거스르는 처사일 뿐 아니라, 경제 질서를 해침으로써 큰 부작용을 가져올 수 있다. 정조는 대신 매점매석을 엄단하고, 물자가 원활하게 시장에 공급될 수 있도록 지원하는 일에 치중했다.

만물의 차이를 감안해야 한다는 인식은 토지조세 문제에도 반영되었다. 세종 때 영의정 황희는 토지세 부과와 관련해, "지금 전국의

147) 『정조실록』 19년 2월 10일
148) 위와 같음.

18. 만물이 다른 것은 자연의 이치이다

토지를 9등급으로 나누어 각 고을을 여기에 배치하려고 하나, 만물이 제각기 다른 것이 자연의 이치이듯, 같은 고을이라 해도 모든 토지를 동일한 등급으로 지정하기에는 어려움이 있습니다."[149]라며 보완의 필요성을 제기했다. 고을 단위로 토지 등급을 판정하고 여기에 따라 세금을 매기려고 하지만, 같은 고을 안에 있는 토지라도 토질의 차이가 천차만별이므로 획일화해서는 안 된다는 것이다. 이에 세종은 제도를 개선하여 한 고을 안에서도 토지의 비옥도에 따라 6등급, 풍작과 흉작의 정도에 따라 9등급, 하여 총 54개 등급으로 조세 부과 기준을 세분화했다. 세종 26년부터 전국적으로 시행된 '전분육등법(田分六等法) 연분구등법(年分九等法)'이 바로 이것이다.

마지막으로, 맹자의 이 정신은 개개인의 차이를 존중해야 한다는 의미로 받아들여졌다. 순조가 즉위하자 당시 재상들은 합동으로 군주의 도리에 대해 진언하는 상소를 올렸다. 그중 한 대목이다.

만물이 제각기 다른 것은 자연의 이치입니다. 따라서 위에 있는 사람의 말과 행동이 중요합니다. 전하께서는 모두가 마음을 열고 힘을 합칠 수 있도록 조율하면서 올바른 정치를 이끄셔야 합니다.[150]

사람들은 제각기 다르다. 살아온 과정도 다르고 살고 있는 환경도 다르다. 각자 가지고 있는 생각도 다르다. 따라서 구성원들의 역량을

---

149) 『세종실록』 22년 7월 13일
150) 『순조실록』 즉위년 8월 1일

모아 공동체를 발전시키기 위해서는 이들을 획일화할 것이 아니라 각자의 개성과 장점이 마음껏 발휘되는 가운데 하나 된 힘을 발휘할 수 있도록 이끌어야 한다. 그래서 재상들은 백성의 "제각기 다름을" "존중하고 조율하는" 임금의 역할을 강조하고 있는 것이다.

오늘날 '차이에 대한 존중'은 갈수록 중요해지고 있다. 앞에서 사례로 든 물가의 자율 조정이나 수요자 맞춤형 정책을 위해서만이 아니다. 국가 간 교류 확대, 다국적기업의 성장, 다문화 사회의 확장 등 변화하는 환경은 정치, 경제, 사회, 문화의 모든 방면에서 '다양성'을 강조하고 있다. 하지만 우리의 인식 속에는 아직도 '다름'과 '차이'를 부정적으로 보는 생각이 남아 있다. 나와는 다르거나, 우리와는 다른 타자를 '구별'하고 '분리'하여 불편한 시선으로 대한다. 우열의 잣대를 적용하고 심지어 배척하기까지 한다. "만물이 제각기 다른 것은 자연의 이치"임을 망각하고 있는 것이다.

따라서 나의 주관적인 잣대로, 또는 우리만의 잣대로 타자를 평가하거나 획일화하려 들어서는 안 된다. 타자의 '다름'을 인정하고 존중해야 한다. 이는 개인이나 조직이나 국가나 모두 마찬가지이다. 로마, 몽골, 고구려와 같이 역사 속의 강대국들은 하나같이 다양한 민족을 융합하고 그 문화를 포괄한 다양성과 개방성을 가지고 있었다. 성공한 사람들은 공통적으로 차이를 존중하면서 상대방의 장점을 배우고, 다름을 인정하면서 자기 자신을 더욱 풍성하게 만든 경험이 있다. 우리가 누구나, 그리고 모든 일에 있어서 '만물이 다르다는 것'을 전제하고, 그에 맞춰 대응해야 하는 이유이다.

19

임금의 아버지라도
법 앞에서 예외는 없다

태종실록, 문종실록, 성종실록, 정종실록 속의 맹자 진심상 편

1451년(문종 1년) 9월 26일, 사헌부 관리들이 승려에게 칼(枷)을 씌워 끌고 가는 모습을 목격한 수양대군은 화를 내며 당장 풀어주라고 요구했다. 법에 따라 도첩(度牒)[151]을 소지하지 않은 승려를 체포해 한양 밖으로 추방하기 위해서라지만, 큰 죄가 있는 것도 아닌데 형틀을 채워서는 안 된다는 것이다. 이 문제를 보고받은 문종도 앞으로는 죄가 없는 사람에게 칼을 씌우는 일이 없도록 하라고 지시했다. 그런데 이 사건과 관련하여 신하들은 수양대군을 탄핵했다. 관리의 행위에 잘못이 있다면 절차에 의해 책임을 물을 일이지 아무런 권한이 없는 대군이 개입해서는 안 된다는 것이다. 수양대군이 비록 왕의 동생이라고는 하나 이는 엄연한 월권행위였다.

이에 우정언 윤서(尹恕)는 "도응(桃應)이 맹자에게 '순임금이 천자가 되고 고요(皐陶)[152]가 형벌을 관장하게 되었는데 고수(瞽瞍)가 살인을 하였다면 어찌하겠습니까?' 하고 물으니, 맹자는 '체포할 따름이다.'라고 하였습니다.[153] 이번에 수양대군이 사헌부에서 이송하고 있던 중을 탈취하고 칼을 벗겨 데리고 갔으니, 승려를 형틀에 씌워 끌고 간 사헌부의 행동이 옳았느냐 잘못됐느냐와 별도로, 관리의 공적인 법 집행을 사사로이 방해한 것입니다. 이러한 싹이 더 커지지 않도록 청컨대 수양대군을 문책하소서."라고 상소하였다. 문종이 사소한

---

151) 관청에서 발행한 승려의 신분증

152) 순임금 아래에서 법무를 담당했던 신하로 법체계를 완성하고 형벌을 확립했다.

153) 『맹자』, 「진심상(盡心上)」, "桃應問曰, 舜爲天子, 皐陶爲士, 瞽瞍殺人則如之何? 孟子曰, 執之而已矣." "然則舜不禁與? 曰夫舜, 惡得而禁之. 夫有所受之也. 然則舜, 如之何? 曰舜視棄天下, 猶棄敝蹝也, 竊負而逃, 遵海濱而處, 終身訢然樂而忘天下."

19. 임금의 아버지라도 법 앞에서 예외는 없다

일이라며 무마하려 하자 "이 일이 비록 작은 것이라 할지라도 작다고 하여 책망하지 않는다면 장차 어찌 될지 그 조짐이 두렵습니다."라며 수양대군에 대한 처벌을 계속 주장했다.[154]

여기서 등장하는 고수라는 사람은 순임금의 아버지다. 사마천의 『사기』에 따르면 고수는 성인(聖人)으로 추앙받는 아들과 달리 성품이 좋지 못했으며 여러 차례 순을 죽이려 들었다고 기록되어 있다. 하지만 순은 지극한 효성으로 변함없이 고수를 섬겼다는 것이다. 『맹자』에는 맹자의 제자 도응이 순임금과 고수에 대해 질문하는 내용이 나오는데, 위의 상소에서 인용된 부분이 바로 그것이다. 훌륭한 임금인 순이 통치하고, 훌륭한 신하인 고요가 법무를 관장하는 나라에서는 설령 천자의 아버지라 하더라도 일반인과 똑같은 법의 대우를 받는다는 것이다. 도응이 이어서 "순임금이 아버지를 구속하는 것을 막지 않겠습니까?"라고 물으니 맹자는 "순임금이 어찌 막으시겠는가? 법은 감히 사사로이 할 수 없는 것이다."라고 대답했다.[155] 효성이 깊은 순임금이 법을 어길 수는 없고 그렇다고 아버지가 죽는 것을 방관할 수도 없어서 천자의 자리를 버리고 몰래 아버지와 도망을 가서 숨어 살 것이라는 예측[156]이 뒤따르기는 했지만, 이것이 중요한 것은 아니다. 천자와 같이 높은 자리에 있는 사람들

---

154) 『문종실록』 1년 10월 4일

155) 『맹자』, 「진심상」, "然則舜不禁與? 曰夫舜, 惡得而禁之. 夫有所受之也."

156) 『맹자』, 「진심상」, "然則舜, 如之何? 曰舜視棄天下, 猶棄敝蹝也, 竊負而逃, 遵海濱而處, 終身訢然樂而忘天下."

은 사사롭게 법을 좌지우지하려 하지 말고 앞장서서 준수하는 모범을 보여야 하며, 법을 집행하는 관리 또한 대상의 지위고하를 고려하지 말고 오로지 법의 원칙과 위법 여부만을 가지고 판단해야 한다는 뜻이다.

『맹자』의 이 대목은 법을 어긴 왕족이나 고위직 신하, 왕의 측근에 대해 엄격한 처벌을 강조하면서 자주 인용되었다. 정종 때 장사정(張思靖)이라는 무신(武臣)이 살인죄로 체포되었지만 개국공신이자 정사공신(定社功臣)[157]이라는 이유로 귀양을 가는 데 그쳤다. 그러자 사헌부에서 강경한 상소를 올린다.

사람을 죽이는 것보다 더 무거운 죄는 없습니다. 더욱이 장사정이 저지른 살인은 매우 잔인하여 분노하지 않는 사람이 없으니 전하께서는 마땅히 공정한 의논에 입각하여 처리하셔야 합니다. 옛적에 함구몽[158]이 맹자에게 순임금이 천자가 되고 고요가 사(士)로 있는데, 고수가 살인을 했다면 어찌 되겠느냐고 물으니 맹자는 마땅히 구속했을 것이라고 답한 바 있습니다. 살인을 저지른 사람은 설령 천자의 아버지라 할지라도 체포하여 죄를 물어야 하는 것인데 하물며 공신은 어떻겠습니까? 장사정은 험악하고 잔인하며 포악하고 패려하여 자신이 공신임을 믿고 방자하게도 대낮에 길 한가운데서 삼품관의 아

---

157) 1차 왕자의 난에서 공을 세운 신하
158) 해당 구절에 등장하는 인물은 함구몽이 아닌 도응으로, 상소를 올린 사람이 착각한 것으로 보인다.

19. 임금의 아버지라도 법 앞에서 예외는 없다

내를 마음대로 죽였습니다. 이웃 남녀들을 매질하여 임신한 여자가 거의 죽을 지경에 이르렀습니다. 대체 장사정이란 자가 어떤 사람이기에 감히 이런 일을 저지른다는 말입니까! 법에 반드시 주살(誅殺)하도록 되어 있으니 마땅히 극형에 처해야 할 것입니다.[159]

이 밖에도 태종이 처남 민무회의 죄를 덮어주려고 하자 "순임금은 그 아비에게 혜택을 베풀지 않았고 고요도 천자의 아버지라 하여 법을 폐하지 않았는데 그저 친척일 뿐인 민무회에게 전하께서 사사로운 은혜를 베푸시는 것이 과연 옳은 일입니까?"[160]라는 비판이 나왔다. 성종 때 왕족인 창원군(昌原君)이 살인을 저지른 것에 대해서도 신하들은 『맹자』의 이 구절을 거론하며 창원군에 대한 처벌을 강력히 주청했다.

법은 친하고 귀하다 하여 흔들어서는 안 됩니다. 법이 낮아졌다 높아졌다 하면 어찌 백성이 평안히 살 수 있겠습니까? 옛날 성군들은 법을 엄격히 준수하였으니 그래야 법이 신뢰를 받고 조정이 의지할 수 있기 때문입니다. (……) 순임금이 천자임에도 자신의 아버지를 구하지 않은 이유는 고수를 체포한 것이 바로 '법'이기 때문이었습니다. 창원군이 비록 전하의 존속이기는 하나 순과 고수의 관계에 비하겠습니까? 순도 아버지를 위해 법을 사사로이 하지 못하였는데, 전하께

159) 『정종실록』 1년 5월 21일
160) 『태종실록』 15년 5월 11일

서는 감히 창원군을 위해 법을 사사로이 하고자 하십니까?[161]

무릇 법 앞에서는 누구나 평등해야 한다. 비단 법뿐만이 아니다. 우리 사회의 모든 조직에는 많든 적든 공동체를 구성하고 운영하기 위한 규칙이 존재한다. 그런데 이 규칙이 불평등하게 적용되는 경우가 많은 것 또한 사실이다. 기업의 오너 등 최고 지도부는 규칙을 만들 때부터 아예 자신들을 예외 대상으로 만든다. 규칙을 어기더라도 상대적으로 관대한 징계를 받곤 한다. 같은 구성원이지만 규칙 위에 존재하는 특권계층으로 자리하는 것이다. 이렇게 되면 규칙은 온전히 작동하지 않고 규칙을 근거로 세워진 조직도 흔들리게 된다. 단초만 주어진다면 언제 무너질지 모른다. 규칙이 불평등해지면서 그것이 갖는 권위도 사라졌기 때문이다. 『맹자』에 소개된 순임금과 고요, 고수의 비유가 지금에도 중요한 시사점을 갖는 까닭이다.

맹자는 일반 평민에게나 천자의 아버지에게나 법은 하나라는 것을 강조했다. 지도자는 누구보다 먼저 법을 지키는 모범을 보여야 하며, 법의 담당자는 누구에게나 공평하게 법을 집행해야 한다. 지도자의 가족, 측근, 나아가 지도자 본인에게까지 법이 예외 없이 적용될 때 모든 구성원들이 법을 존중하고 따르게 된다. 조직, 기업, 국가, 모든 공동체의 건강한 운영을 위해서 이것은 반드시 선행되어야 할 조건이다.

---

161) 『성종실록』 9년 3월 14일

19. 임금의 아버지라도 법 앞에서 예외는 없다

20

내가 나 스스로를 업신여기면
남들도 나를 업신여긴다

고종실록과 순종실록 속의 맹자 이루상 편

대한제국에 짙은 어둠이 드리워져 있던 1905년(고종 42년) 정월. 고종은 지방에 은거하고 있던 면암(勉菴) 최익현(崔益鉉, 1833~1906)을 불러들였다. 타협하지 않는 꼬장꼬장한 성품으로 고종과는 불편한 관계였지만, 스러져가는 국운을 붙잡기 위해 유림의 존경을 받는 그의 의견을 듣고자 한 것이다.

어전에 들어선 최익현은 황제에 대한 예를 마치자마자 단도직입적으로 말을 꺼냈다.

신의 어리석은 견해는 지난 무술년에 올린 상소[162]에서 모두 밝혔지만 폐하께서는 받아들여 주지 않으셨습니다. 이번에도 신의 의견이 채택되리라 기대하며 올라온 것이 아닙니다. 하지만 그렇다고 또 어찌 감히 무사하게 고향으로 살아 돌아가길 바라겠나이까. 지금 이 나라는 위태로운 형세가 목전에 닥쳐 있으니 폐하께서 허심탄회하게 가납하여 주시겠다면 신의 생각을 모두 숨김없이 말씀드리고자 합니다.[163]

7년 전인 무술년(1898년), 최익현은 나라에 환란이 거듭되는 근본 원인은 바로 고종에게 있다며 직격탄을 날렸다. 그러면서 위기를 극복

---

162) 1898년을 말하는 것으로 이 해에 최익현은 네 차례에 걸쳐 사직상소를 올렸다. 이 중 시급히 시행해야 할 열두 가지 조목을 정리해 올린 '의정부찬정을 사직하는 두번째 소(辭議政府贊政再疏-戊戌十月初九日)'를 가리키는 것으로 보인다.
163) 『고종실록』 42년 1월 7일

하기 위해 시급히 시행해야 할 12개조를 정리해 올렸는데 고종은 유념하겠다고 말했으면서도 어느 하나 국정에 반영하지 않았다. 이번에도 역시 자신이 무어라 이야기해봤자 소용이 없을 것 같지만, 나라의 상황이 매우 급박하니 간언을 올리겠다는 것이다.

고종이 허락하자 최익현은 물었다. "폐하께서는 지금이 태평한 시대가 아니라 난세라는 것을 알고 계십니까?" 대체 지금이 어떤 상황인지 제대로 인식하고 있느냐는 힐난이다. 고종이 잘 알고 있다고 대답하자 그는 비통한 어조로 말을 이었다.

폐하께서 지금이 난세라는 것을 알고 계신다면 어지럽게 된 원인도 알고 계십니까? 오늘날 민회(民會)[164]가 정부를 공격하니 이는 극도의 패역입니다. 게다가 강한 이웃 나라(일본)를 끼고서 횡포를 자행하니 그 죄는 처단해야 마땅합니다. 하지만 그 이전에 이렇게 민심이 흩어진 원인은 무엇 때문입니까? 하늘의 명을 섬겨 백성을 다스려야 하는 폐하의 정성이 극진하지 못해서가 아닙니까? 관리들이 폐하의 덕을 받들어나가지 못해 그런 것이 아닙니까? (……) 저 백성들이 자기의 살점을 씹으면서까지 외국 사람들의 앞잡이 노릇을 하는 것은 물론 미련한 일이지만, 근원을 따져보면 관리들이 탐욕스러워 민심을 잃었기 때문입니다. 지나친 학대로 인해 백성들이 본성을 잃고 이 지경에 이르게 된 것입니다.[165]

---

164) 일진회(一進會)를 말함.
165) 『고종실록』 42년 1월 7일

구성원들의 잘못도 있긴 하지만, 사태가 이렇게 악화된 근본적인 이유는 군주가 제 역할을 하지 못해 민심이 이반하였기 때문이라는 것이다.

이에 최익현은 처절한 반성을 촉구했다.

500년 동안이나 이어온 종묘사직과 삼천리강토가 장차 일본에 의해 망할지도 모릅니다. 그러나 사람이란 반드시 스스로 업신여긴 다음에야 남이 업신여기는 법이니, 지금 이 상황을 어찌 전적으로 저들의 탓으로만 돌리겠습니까? 을미년의 큰 참변(을미사변)이 있은 이후 임금과 신하, 위아래 모두가 좀 더 분발하였더라면 오늘날 나라의 형편이 이 지경에 이르지는 않았을 것입니다. (……) 이제는 나라가 망하게 되었으니 아무리 훌륭한 계책이 있은들 어디에 시행하겠습니까? 그렇지만 앉아서 망하기를 기다리는 것보다는 지금에라도 깨닫고 대책을 조금씩 취해나가면서 다시 하늘의 명을 기다리는 편이 낫지 않겠습니까?[166]

나라의 쇠망이 더는 막을 수 없는 비극적 운명이 되었다 할지라도, 앉아서 망하기만을 기다릴 수는 없다. 늦었지만 지금에라도 할 수 있는 것은 무엇이든 다 해봄으로써 일말의 가능성을 찾아야 한다. 그러려면 우선 자기 자신에 대한 반성과 자존감의 회복이 필요한데,

---

166) 위와 같음.

최익현이 보기에 상황이 이렇게까지 악화된 데는 우리 자신의 잘못이 컸다. 황제와 신하, 백성들 모두가 한마음이 되어 나라를 부강하게 만들고자 노력하기는커녕 군주는 무능했고 신하들은 부패하여 권력을 탐하거나 가렴주구를 일삼았다. 그러다 보니 민심도 흩어져 하나 된 힘을 발휘하지 못한 것이다.

더욱이 지난 을미년, 한 나라의 왕후가 무참히 시해되는 참변을 겪었음에도 불구하고 조선은 전혀 달라지지 않았다. 친일파와 친러파가 격렬한 권력투쟁을 벌였고, 군주는 외국 공사관으로 도피했다. 복수를 다짐하는 것은 고사하고 나태함에 빠졌으며, 합심하기는커녕 서로를 물어뜯기에 바빴다. 대한제국을 집어삼키려는 일본의 검은 야욕에 치가 떨리지만 결국은 자업자득, 자신을 멸시하고 스스로 무너져버린 우리의 죄라는 것이다. 그가 "사람이란 반드시 스스로 업신여긴 뒤에야 남이 업신여기는 법이다."라는 『맹자』의 말을 인용한 것은 그래서이다.

일찍이 맹자는 "사람이란 반드시 스스로 업신여긴 뒤에 남이 업신여기며, 집안은 반드시 스스로 공격한 뒤에 남이 공격하는 법이다. '태갑(太甲)'에 이르기를 '하늘이 주는 재앙은 그래도 피할 수 있지만 스스로 지은 재앙은 피할 수 없다.'라고 하였으니 이것을 말한 것이다."[167]라고 하였다. 다른 사람으로부터 멸시를 받고, 집안이 무너지는 것은 내부로부터, 자기 자신으로부터 시작한다는 것이다.

---

167) 『맹자』, 「이루상」, "夫人必自侮然後, 人侮之, 家必自毀而後, 人毀之, 國必自伐而後, 人伐之. 太甲曰, 天作孼, 猶可違, 自作孼, 不可活, 此之謂也."

국가도 마찬가지다. 한 나라의 지도자가 제대로 된 리더십을 발휘하지 못하고 지도층이 의무와 책임을 다하지 않는다면, 그리고 구성원들은 자기 비하와 체념에 빠져 있다면, 이런 나라는 이내 다른 나라의 먹잇감이 된다. 나라의 역량이 결집할 리 없고, 나라를 지키고자 헌신할 구성원도 존재할 리가 없기 때문이다.

최익현은 이제부터라도 온 나라가 각성하여 망국의 위기에서 벗어날 수 있기를 바랐다. 대한제국이 스스로 멸시하는 풍조에서 벗어나고, 다른 나라들로부터 업신여김을 받지 않는 건강한 나라가 되길 바랐다. 하지만 그 바람은 끝내 이루어지지 않았다. 불과 10개월 후, 을사늑약이 체결되었고 조선은 외교권을 강제로 빼앗겼다. 최익현이 여기에 항거해 의병을 일으켰지만 일제에 의해 체포되어 대마도에 연금되었다. 그리고 1906년 11월 17일,[168] 그는 단식 끝에 이역 땅에서 순국한다.

몇 년 후, 개화파 정치인 유길준(俞吉濬, 1856~1914)은 관직에 나와달라는 순종의 요청을 사양하며 앞선 맹자의 말을 다시 거론했다.

맹자의 말에 "나라는 반드시 스스로를 공격한 다음에야 남이 공격하고, 사람은 반드시 스스로를 업신여긴 다음에야 남이 업신여기는 법이다."라고 하였습니다. 만약 우리에게 자체로 조국을 지킬 힘이 있고, 자체로 우리의 외교와 내부 정치를 할 지혜와 능력이 있었다면

---

168) 양력으로는 1907년 1월 1일이다.

일본이 어찌 감히 이렇게 했겠습니까. 최근에 이어진 두 가지 조약[169] **은 결국 우리 스스로 초래한 것입니다.**[170]

똑같이 맹자를 인용했지만 거기에 작은 불씨나마 희망을 담았던 최익현의 말이 2년 후 유길준에 이르러선 체념과 절망의 말로 변해버린 것이다. 그런데 이 비극은 그저 역사 속의 이야기일 뿐일까? 혹시 지금 또다시 반복되고 있는 것은 아닐까? 냉철히 돌아볼 필요가 있다.

---

169) 을사늑약과 정미칠조약을 가리킨다. 이로 인해 대한제국은 외교권이 박탈되고 고종이 퇴위했으며, 인사행정권을 빼앗겼고 군대가 강제 해산되었다.

170) 『순종실록』 즉위년 10월 23일

21

우환이 나를 살게 할 것이고
안락이 나를 죽음으로 이끌 것이다

단종실록과 선조실록 속의 맹자 고자하 편

하는 일마다 잘 안 풀리고 고난과 시련이 연이어 찾아오는 경우가 있다. 이럴 때면 절망에 빠져 그냥 모든 것을 다 포기하고 싶어진다. 하지만 맹자는 그러면 안 된다고 말한다.

하늘이 장차 어떤 이에게 큰 임무를 맡기려 할 때는 반드시 먼저 그의 마음을 괴롭게 만든다. 그의 근골을 수고롭게 하며, 굶주리고 궁핍하게 만든다. 그가 하는 일마다 뜻대로 되지 않게 방해한다. 이는 그의 마음을 분발시키고 참을성을 길러줌으로써 이전에는 할 수 없었던 일을 해낼 수 있는 힘을 주기 위해서이다.[171]

지금 겪고 있는 고난이 나를 더욱 강하게 만들어줄 것이고, 오늘 마주한 실패가 내일의 성공으로 가는 지름길이 될 테니 포기하지 말고 다시 일어서라는 것이다. 그러면서 맹자는 "우환이 나를 살게 할 것이고 안락이 나를 죽음으로 이끌 것이다."[172]라는 말을 덧붙인다.

　사람은 대부분 실패를 한 뒤에야 반성하고 단점을 보완한다. 위기가 닥치고 나서야 문제를 직시하고 이것을 해결하기 위해 애쓴다. 조심하고, 심사숙고하고, 의지를 다지는 것도 대부분 어려운 일을 겪은 후에야 나오는 태도다. 반면에 삶이 편안하고 풍족하다면 문제가 눈에 보이더라도 방치하는 경우가 많다. 단점을 외면하고, 자신을 계

---

171) 『맹자』, 「고자하(告子下)」, "故天將降大任於是人也, 必先苦其心志, 勞其筋骨, 餓其體膚, 空乏其身, 行拂亂其所爲. 所以動心忍性, 曾益其所不能."
172) 『맹자』, 「고자하」, "生於憂患而死於安樂也."

발하기 위한 노력을 하지 않는다. 가만히 있어도 충분히 편하고 즐거우니 굳이 귀찮은 일을 하고 싶지 않은 것이다.

이렇게 되면 당장은 우환을 겪는 사람이 불행하고 안락을 누리는 사람이 행복한 것처럼 보이더라도 결국 그 불행과 행복은 뒤바뀌게 된다. 고난의 시간 자체는 고통스럽겠지만 최선을 다해 극복한다면 더 나은 삶을 만드는 토대가 되고, 안락의 시간 자체는 즐겁겠지만 거기에 취해 안주한다면 나를 파멸로 인도하는 발단이 되는 것이다. 맹자가 우환을 '생(生)'에, 안락을 '사(死)'에 대응한 것은 그래서이다. 물론, 우환이 좋고 안락이 나쁘다는 뜻은 아닐 것이다. 일부러 안락에서 벗어나고 억지로 우환을 만들 필요는 없다. 다만 우환을 만났을 때는 절망하지 말고, 안락을 만났을 때는 긴장을 풀지 말라는 것이다. 우환과 안락이 모두 나를 성장시키는 기회가 될 수 있도록 항상 노력을 멈추지 않아야 한다는 의미로 받아들이면 된다.

전통사회에서 이 구절은 한 사람의 개인뿐 아니라 리더가 명심해야 할 격언으로 쓰였다. 1452년(단종 2년) 5월, 이날 열린 경연에서 승지 박팽년(朴彭年, 1417~1456)은 단종에게 다음과 같이 아뢰었다.

임금은 숭고하고 부귀한 존재이므로 근심할 것이 없어 보입니다. 그러나 옛사람이 이르기를 "우환이 나를 살게 할 것이고 안락함이 나를 죽음으로 이끌 것이다."라고 하였습니다. 그래서 옛날 성군들은 높고 숭앙받는 지위에 있었으면서도 항상 근심했고, 부지런히 두려워하며 자신을 가다듬는 것을 마음 깊이 중요하게 여겼습니다. 하물며

지금 전하께서는 어린 나이로 보위에 오르셨으니 진실로 아주 잠깐이라도 편안히 즐기려 하시거나 태만하고 게을러서는 안 됩니다. 임금이 편안히 즐기는 것을 좋아하면 나라가 위태로워져 망하는 지경에 이를 것이고, 임금이 근심하고 삼가는 자세를 중요하게 생각하면 나라가 부흥할 것입니다. 이 얼마나 두려운 일입니까?[173)]

어린 나이에 임금이 된 단종이 종종 경연을 쉬고, 활쏘기 구경(觀射) 등 '즐거운 일'에 탐닉하는 모습을 보이자 박팽년이 이를 경계한 것이다.

무릇 군주가 두려워하는 자세를 잃지 말아야 하는 것은 공동체의 안녕과 번영을 책임지는 존재이기 때문이다. 그에게는 방심하거나 나태할 시간이 없다. 연습할 기회가 주어지지 않고 시행착오도 용납되지 않는다. 그는 늘 부지런하고 조심스럽게 일을 처리하고 미래를 준비해야 한다. 발생할지도 모를 위험에 철저히 대비하며 구성원들을 지켜내야 한다. 세종이 "설령 과도하게 수고로워지는 한이 있어도 나태함에 빠지진 않을 것이다."[174)]라고 다짐한 것은 그 때문이다.

하지만 현실 속의 군주들은 기대와 다른 경우가 많았다. 창업군주는 자신이 직접 온갖 고난을 극복하고 대업을 이루었기 때문에 위기는 언제라도 닥칠 수 있다는 것을 경험으로 알고 있다. 위기가 오면 어떻게 대처해야 할지도 안다. 하지만 태어날 때부터 고귀한 신분

---

173) 『단종실록』 2년 5월 4일
174) 『세종실록』 26년 윤7월 25일

으로, 아무런 고생도 해보지 않은 채 왕위에 오르는 후대의 군주들은 다르다. 위기 극복의 유전자가 없는 데다가 조심하는 마음도 부족하다. 자칫 공동체를 위험에 빠뜨리는 판단을 내릴 수 있다. 자신의 높고 고귀한 지위를 당연하게 생각하면서도 거기에는 무거운 책임이 따른다는 사실을 망각한다. 뛰어난 재능으로 성공을 거둔다고 하더라도 이내 방심하여 스스로 그 성공을 무너뜨리는 일도 드물지 않다. 특히 문제가 되는 것은 군주의 '안일함'인데, 정조는 "너무 안일하면 마음에 중심이 없어지고 방탕하여 기운이 통제되지가 않으니, 생각은 의당 조심스레 삼갈 줄 알아야 하고 자세는 마땅히 추슬러야 한다."[175]라고 경고했다. 그러면서 평안한 상황에서도 우환에 빠진 것처럼 치열하게 성찰하고 자신을 단속하라고 주문한다. "우환이 나를 살게 할 것이고 안락이 나를 죽음으로 이끌 것이다."라는 맹자의 말을 절실히 새기라는 것이다.

　마지막으로, 이 교훈은 공동체 전체가 함께 유념해야 한다. 당나라 현종이나 청나라 건륭제의 시대는 최고 전성기였지만 동시에 쇠락의 시작이었다. 황제뿐 아니라 구성원들 모두 태평성대가 가져다준 안락함에 안주했기 때문이다. 이에 비해, 로마는 나라를 멸망 직전까지 몰고 갔던 카르타고와의 전쟁을 승리로 이끌며 제국을 향한 발걸음을 내디뎠다. 고구려 또한 전성기를 맞이하기 직전에 국왕이 전사하는 등 위태로운 상황을 겪은 바 있다. 이들 국가의 지도자와 구

---

175) 『홍재전서』 175권, 「일득록」 15

성원들은 절박함을 위기 극복의 동력으로 삼음으로써 '우환'을 국가 번영의 출발점으로 만든 것이다.

　임진왜란 당시, 전쟁이 일어나자마자 임금이 나라의 최북단까지 피신하는 등 절망적인 상황에 놓였던 조선 조정도 맹자의 이 가르침을 내세우며 의지를 다진 바 있다.

> **예로부터 어려움 속에서 다시 일어나고 패배하였다가 다시 회복한 나라들이 있습니다. 임금과 신하 상하가 합심하여 경계하고 두려워했기 때문입니다. 잘못을 징계하고 개과천선하여 정치와 형벌을 바르게 하고, 백성을 보호하여 단합시켰기 때문입니다. (……) 맹자가 말한 "우환이 나를 살게 할 것이고 안락이 나를 죽음으로 이끌 것이다."가 바로 이것입니다.[176]**

알다시피 우환과 안락은 영원하지 않다. "이 또한 지나가리라."라는 유명한 시구처럼 그것은 머지않아 지나가버릴 것이며, 우환의 뒤에는 안락이, 안락의 뒤에는 우환이 번갈아 계속 찾아올 것이다. 따라서 이 둘을 모두 나 자신을 위한 시간으로 만들고자 한다면 여기에 집착하거나 함몰되어서는 안 된다. 즐겁고 평안한 상황에서는 그만큼 여력이 넘치니 미리미리 우환을 대비하고 내공을 키워야 하며, 힘들고 고단한 상황에서는 이것이 나의 의지를 강하게 만들고 단련

---

176) 『선조실록』 27년 10월 17일

하는 기회라 생각하고 더욱 노력해야 한다. 그러면 분명 우환과 안락은 둘 다 나에게 없어서는 안 될 소중한 기회가 될 것이다.

22

마음속에 큰 뜻을 품고
그 뜻을 이루기 위해 온 힘을 다해 노력한다

세조실록, 선조실록, 인조실록 속의 맹자 등문공하 편

1625년(인조 3년) 어느 봄날, 인조는 최명길, 이정귀 등과 함께 경연에서 『맹자』를 공부하고 있었다. 「등문공」 편에 이르러 인조가 물었다. "부유하고 고귀해졌는데도 마음이 변질되지 않는 것과 가난하고 천하게 되었는데도 지조를 꺾지 않는 것 중에서 어느 것이 더 어려운가?" 최명길(崔鳴吉, 1586~1647)이 대답했다. "부유하고 고귀해졌는데도 마음이 변질되지 않는 것이 더 어렵습니다. 곤궁한 상황에 놓여도 지조를 지킨 사람은 경전이나 역사책에서 간혹 볼 수 있지만, 부귀가 극도에 도달했는데도 방탕하지 않고 마음을 변함없이 지킨 사람은 드뭅니다." 이정귀(李廷龜, 1564~1635)도 설명을 덧붙였다. "이것은 특히 임금께서 유념하셔야 합니다. 무릇 임금은 고귀하기로는 하늘의 아들이며, 부유하기로는 천하를 소유하고 있습니다. 방탕한 마음이 쉽게 생길 수 있는 여건이니, 이로 인해 나라를 망치고 몸을 망치는 임금들이 많았습니다."

인조가 다시 물었다. "위세나 무력에 굴복하지 않는 것도 어려운 일이 아닌가? 이것을 다른 것에 비해 쉽게 보는 까닭은 무엇인가?" 이정귀가 대답했다. "죽음 앞에서 굴복하지 않고 의로운 마음을 간직하는 것은 물론 어렵습니다. 다만, 순간의 의기(義氣)가 격동되면 칼날과 형구를 두려워하지 않을 수 있습니다." 인조가 고개를 저었다. "흔히 부귀를 하찮게 여겨야 한다는 것을 알고 있지만 거기에 물들어가는 것을 자각하지 못하기 때문에, 마음이 변질되는 것을 막기 어렵다고 말하는 것이다. 그러나 나는 위세나 무력에 굴복하지 않는 것이야말로 보다 어렵다고 생각한다. 예로부터 절의를 지키기

22. 마음속에 큰 뜻을 품고 그 뜻을 이루기 위해 온 힘을 다해 노력한다

위해 목숨을 바치는 자를 많이 볼 수 없었지 않은가?"[177]

이 세 사람의 대화는 맹자가 말한 '대장부(大丈夫)'에 관한 것이다. 요즘은 잘 쓰이지 않는 단어지만, 인품과 포부가 크고 기개가 있으며 큰 업적을 이룬 사람을 보통 대장부라고 부른다. 조선시대에도 '대장부'는 이와 같은 의미로 사용되어 왔는데, 세조는 "대장부란 세상에 뜻을 두며 항상 공을 이룰 만한 기회가 없음을 아쉬워하는 자"[178]라고 하였고, 한명회는 "당대에 재능을 인정받아 폐단을 바로잡고 새로운 법을 세우는 사람이 대장부"[179]라고 정의했다. 선조는 "대장부란 큰 공을 세워 위로는 나라에 보답하고 아래로는 후세에 이름을 남겨야 한다."[180]라는 말을 남겼다. "남자 나이 스물에 나라를 평안케 하지 못하면 후세에 누가 대장부라 불러줄 것인가?"라는 남이 장군의 시도 유명하다. 대장부는 명예를 얻고 성공을 거둔 사람이란 어감이 강한 것이다.

하지만 맹자의 생각은 달랐다. 당시 여러 나라를 종횡무진하며 국제 질서를 좌지우지했던 공손연(公孫衍)과 장의(張儀)야말로 대장부가 아니겠느냐는 경춘(景春)의 질문에 맹자는 "그들을 어찌 대장부라 할 수 있겠는가?"라고 되물었다. 그러면서 다음과 같이 설명했다.

---

177) 이상의 두 문단에서 인용한 대화의 출처는 모두 『인조실록』 3년 3월 12일 자 기사임.
178) 『세조실록총서』
179) 『세조실록』 14년 6월 14일
180) 『선조실록』 30년 1월 24일

천하의 드넓은 곳에 살며, 천하의 바른 자리에 서고, 천하의 큰 도를 행한다. 뜻을 이루면 이를 뭇사람들과 더불어 함께하고 뜻을 얻지 못해도 홀로 그 길을 걸어가니, 부유함과 귀함도 그의 마음을 변질시키지 못하고, 가난과 천함도 그의 지조를 꺾지 못하며, 위세와 무력으로도 그를 굴복시킬 수 없다. 이러한 사람을 대장부라 부르는 것이다.[181]

맹자의 말대로라면, 뛰어난 능력을 가지고 세상을 뒤흔든다고 해서 곧바로 대장부라고 부를 수는 없다. 큰 성공을 거뒀다고 해서 다 대장부는 아닌 것이다. 대장부란 마음속에 큰 뜻을 품고 그 뜻을 이루기 위해 온 힘을 다해 노력하는 사람이다. 외부 환경 때문에 뜻을 바꾸지 않고, 또한 뜻을 이뤘다고 해서 나태해지지 않는 사람이다. 그에게는 이뤄낸 성과의 크기보다 품었던 꿈의 크기가 더 중요하다. 부귀나 명예가 아니라 이상(理想)이 소중하다. 맹자는 이런 사람이야말로 비로소 자신의 삶을 가치 있게 만들 수 있으며, 다른 사람들과 세상을 위해 기여할 수 있다고 생각했다. 중종이 유생들에게 내린 교지를 보면 이러한 생각이 잘 드러난다.

선비의 마음은 부귀로써 변질될 수 없고 선비의 지조는 빈천으로써 꺾지 못하는 것이다. 따라서 곤궁하여 낮은 지위에 있다면 자신의 몸을 수양하여 선하게 만들고, 현달하여 높은 지위에 오르면 천하 사

---

181) 『맹자』, 「등문공하(滕文公下)」, "居天下之廣居, 立天下之正位, 行天下之大道. 得志與民由之, 不得志 獨行其道. 富貴不能淫, 貧賤不能移, 威武不能屈, 此之謂大丈夫."

람들을 모두 선하게 만든다. 뜻을 지키는 바가 이처럼 굳건하니 어찌 다른 것들이 여기에 영향을 줄 수 있겠는가! 그런데 요즘 선비들은 이와 달라서 성리학을 궁구하지 않고 겉멋 든 문장에 빠져 있다. 검소한 의복을 좋아하기는커녕 화려한 옷과 아름다운 장신구를 자랑하기에 여념이 없고, 몸의 병통을 살피지 않으며 몸의 아름답지 못함을 부끄러워할 줄 모른다. 무릇 어려서 배우는 것은 자라서 실천하고자 함이다. (……) 부디 검소함을 숭상하며, 뜻을 돈독히 가지고 학문에 힘써 세상을 맑게 하라.[182]

사람이 자기만의 목표나 신념을 세우는 것, 그 자체는 그다지 어렵지 않다. 멋들어진 말 중에서 하나를 가져다가 좌우명으로 삼고, 숭고해 보이는 이상을 내 목표라고 말하면 그만이다. 이렇게 한다고 해서 어떤 비용이 드는 것도 아니니 말이다. 문제는 목표란 이루기 위해서 정하는 것이고, 신념은 지키기 위해 간직하는 것이라는 점이다. 실천이 담보되지 않은 뜻은 그 내용이 아무리 좋더라도 무의미하다.

더욱이 뜻을 이루기 위해 노력하는 과정에서 우리는 수많은 장애물을 만난다. "처음에는 근면하여 노력하지만 갈수록 나태해지는 것이 인지상정"[183]인 데다, 맹자가 말한 "부유함과 귀함〔富貴〕", "가난함과 천함〔貧賤〕", "위세와 무력〔威武〕"이 끊임없이 그 사람의 뜻과 의지

---

182) 『중종실록』 4년 3월 12일
183) 『성종실록』 18년 11월 14일

를 시험한다. 힘들게 살다가 갑자기 부와 명예를 얻고, 부족함 없이 지내다가 갑자기 가난하게 되는 것과 같은 상황의 변화는 그 사람의 마음을 쉽게 흔들어버린다. 나태하고 방탕해지거나 혹은 움츠러들고 자포자기한다. 권력의 협박이나 회유 앞에서 신념을 굽히고 타협하기도 한다. 이러한 방해와 시련을 극복하고 자신의 뜻을 끝까지 지켜내는 사람, 아무도 그것을 알아주지 않고 심지어 실패한 것처럼 보일지라도 그 뜻을 흔들림 없이 간직한 채 자신의 길을 걸어가는 사람, 그러한 사람이 참된 대장부인 것이다.

그렇다면 이러한 대장부의 정신은 오늘날 어떤 의미가 있을까. 눈앞에 보이는 성과보다 정신적인 완성을 우선한다는 점에서 효율과 공리를 중시하는 현대사회와는 안 어울릴지도 모른다. 대장부의 우직하고 고집스러움은 그를 세상물정 모르는 바보로 치부하게 만들 수도 있다. 하지만 사사로운 이익을 탐하지 않는 올곧음, 불의에 타협하지 않고 행동하는 기개, 더 나은 세상을 만들기 위해 헌신하는 자세야말로 지금 우리 사회가 꼭 필요로 하는 인간상일 것이다.

23

아랫사람도 기꺼이
스승으로 삼을 수 있는 자세를 가져라

영조실록과 정조실록 속의 맹자 공손추하 편

옛날에는 임금을 '군사(君師)'라고 불렀다. 통치자이자 스승이라는 뜻으로, 왕은 정치를 책임질 뿐 아니라 백성을 깨우치고 이끌어주는 존재라고 생각했기 때문이다. 구성원 중에서 가장 뛰어나고 모범이 될 수 있는 사람이 임금이 되어야 한다고 본 것은 그래서이다. 통치도 통치지만, 능력과 자질이 부족한 사람이 백성의 스승이 될 수는 없을 테니 말이다.

그런데 세습군주제가 정착되면서 문제가 생겼다. 가장 높은 덕을 가진 사람이 임금이 되어야 한다는 이상(理想)과 달리, 적장자가 자동으로 후계자가 되면서 왕위계승자의 역량이 부족한 경우가 많았기 때문이다. 이러한 임금들은 신하들로부터 만백성의 스승이 될 수 있는 자격을 갖추기 위해 더욱 반성하고 더욱 노력하라는 요구를 받았다. 스승이라는 지위가 임금의 권위를 더해준 것이 아니라, 오히려 제약으로 작동한 것이다.

그렇다면 만약 스승이 될 만한 자격을 갖춘 임금이 등장한다면 어떨까? '군사'가 되기에 손색이 없다면? 조선시대에 '군사'를 자처했던 임금으로는 영조와 정조가 있다. 이 두 사람은 여러 방면에서 탁월했기 때문에 신하들로서도 반론을 제기할 수가 없었다. 더욱이 영조는 오랜 기간 재위하면서 나이와 경험 모두 신하들을 압도했다. 아들뻘인 재상, 손자뻘인 대간들이 영조의 기세에 눌려버린 것이다. 사실상 영조를 제어할 수 있는 사람은 존재하지 않게 되었다.

1769년(영조 45년) 2월, 응교 김익(金熤)이 올린 상소는 이러한 영조의 문제점을 거론하고 있다.

전하께서는 목표하시는 바가 높아 저희가 숭상할 만하지만, 스스로를 고귀하게 여기시어 방원(方圓)을 규구(規矩)에서 구하지 않고(사각형과 원을 그릴 때 그림쇠를 이용하지 않고), 경중(輕重)을 형석(衡石)에서 살피지 않습니다(무게를 측정할 때 저울을 사용하지 않음). 가르칠 수 있는 사람을 신하로 삼는 것을 좋아하시고, 가르침을 받을 수 있는 사람을 신하로 삼는 것은 좋아하지 않으십니다. 조금이라도 전하의 과실을 지적하는 논의가 있으면 이를 거슬려 하며 꺾어버리십니다. 그것도 부족하게 여겨 벌을 내리시고, 또 그것도 부족하게 여겨 지나친 전교까지 내리십니다. 이러니 처분은 올바르지 않고 거조는 공평함을 잃은 것입니다. 상황이 이러한데도 조정에서는 전하의 비위를 거스를까 봐 감히 진언하지 못하고 있습니다. 오로지 성상의 뜻을 어기지 않고 자리를 보전하는 데만 급급하여 무엇이 의로움인지, 어떻게 해야 충절인지를 모르고 있습니다.[184]

자신이 무조건 옳다고 생각하는 영조의 오만과 독선, 그리고 거기에 부화뇌동하는 신하들의 행태를 비판하는 것이다.

상소를 읽은 영조는 격노했다. 그는 "무엇 때문에 김익을 절도안치(絶島安置)[185] 하라고 청하지 않는가?"라며 신하들을 질책하였고, 김익을 언관으로 뽑은 인사 담당자도 파직시켜 다시는 관직에 나올 수 없도록 만들었다. 신하들이 화를 가라앉히고 조치를 완화해달라고

---

184) 『영조실록』 45년 2월 3일
185) 멀리 떨어진 섬에 유배를 보내는 것

간청해도, "경들이 물러가지 않으면 나를 임금으로 섬기지 않는 것으로 간주하겠다."라며 아예 궁궐을 나가겠다고 말했다. 식사도 거부했다. 나중에 결국 한발 물러서긴 했지만 자신에 대한 비판을 절대 용납하지 않겠다는 것이었다.

이러한 간언은 정조에게도 올라왔다. 장령 오익환(吳翼)은 다음과 같이 상소를 올렸다.

전하께서는 타고난 자질이 총명하고 학문도 고명하십니다. 그런데 아직도 도를 제대로 깨우치지 못하고 풍속을 아름답게 변화시키지 못하고 계신 까닭은 무엇이겠습니까? 전하의 지혜가 뛰어나다 보니 신하들을 가볍게 생각하는 마음이 있으셔서입니다. 갖가지 일에 두루 능통하여 모든 것을 다 알고, 모든 것을 다 해낼 수 있다고 자만하시기 때문입니다. 총명을 믿으면 도리어 오만해지고, 참과 거짓을 지나치게 따지면 억측을 하게 되는 법입니다. 전하께서는 가르칠 수 있는 상대를 신하로 삼길 좋아하시어, 위엄으로 기를 꺾고 윽박지르심이 간관들에게까지 행해지고 있습니다. 대신이건 측근에서 모시는 신하건 박대하고 업신여기시며, 항상 조심하고 두려워하는 태도 역시 부족합니다. 이로 인해 대신들은 오직 전하의 뜻을 받들어 따르기에만 힘쓰고, 관료들은 전하의 명에 순종하느라 자신의 지조는 돌아보지 않습니다. 아첨이 유행이 되었고 충직한 신하는 보이지 않습니다.[186]

---

186) 『정조실록』 12년 1월 23일

정조가 자신의 총명함을 믿고 모든 일을 자기 뜻대로 처리하며 신하들이 다른 의견을 올리면 바로 묵살해버리니, 조정에는 오직 임금의 눈치만 살피는 풍조가 만연해 있다는 것이다.

이 두 상소에서 공통적으로 등장하는 "가르칠 수 있는 사람을 신하로 삼는 것을 좋아한다."라는 구절은 『맹자』 「공손추하(公孫丑下)」편에 나오는 것으로, 여기서 맹자는 이렇게 말한다.

훌륭한 업적을 이룬 군주에게는 반드시 함부로 부르지 않는 신하가 있었다. 상의하고 싶은 일이 있으면 임금이 직접 신하를 찾아갔으니, 덕(德)을 높이고 도(道)를 즐거워함이 이와 같지 않다면 훌륭한 일을 해낼 수가 없다. 탕왕은 이윤에게서 배운 뒤에 그를 신하로 삼았기 때문에 수고롭지 않게 임금 노릇을 하였고, 환공은 관중에게서 배운 뒤에 그를 신하로 삼았기 때문에 힘들지 않게 패자가 된 것이다.[187]

부르면 냉큼 쫓아오고 아첨으로 일관하는 신하가 임금에게 도움이 될 수 있을까? 임금 앞에서 당당하게 직언을 올릴 수 있는 신하, 덕과 지혜가 높아 임금을 바른 길로 이끌어줄 수 있는 신하가 필요하다. 이런 신하에게는 임금 역시 스승을 대하듯 존중하고 예의를 표해야 하는데, 그래야 신하도 진심 어린 충성을 바치게 될 것이고, 임

---

187) 『맹자』, 「공손추하」, "故將大有爲之君, 必有所不召之臣. 欲有謀焉則就之, 其尊德樂道不如是, 不足與有爲也. 故湯之於伊尹, 學焉而後臣之, 故不勞而王, 桓公之於管仲, 學焉而後臣之, 故不勞而霸."

금도 자만하지 않고 신중히 행동하게 될 것이다. 맹자가 바로 뒤이어서 "지금 여러 나라들의 영토가 비슷하고 덕의 수준도 비슷하여 더 나은 이가 나오지 않는 이유는 다른 데 있지 않다. 임금이 자기가 가르칠 만한 사람을 신하로 삼기를 좋아하고, 자기가 가르침을 받을 사람을 신하로 삼기를 좋아하지 않기 때문이다."[188]라고 역설한 이유이다.

무릇 임금이 아무리 뛰어나다고 해도 그것은 상대적인 것이지 절대적인 것이 아니다. 애당초 임금이 모든 일에 다 능통할 수도 없다. 잘하지 못하는 일, 미치지 못하는 부분이 있는 것은 당연하며, 그 부족함을 채우기 위해서 신하에게 가르침을 청해야 하는 것이다. 스승으로 자처하면서 신하를 훈계하려고만 하는 임금은, 자신은 더 공부할 것이 없고 자신의 수준이 남들보다 뛰어나다고 여기기 때문에 그러는 것이다. 겸손하게 배우기보다는 잘난 척하며 위세를 부리고 싶어서이다. 이런 임금은 결코 좋은 정치를 펼칠 수가 없다. 『맹자』「이루상」 편에도 "사람의 병통은 남의 스승 되기를 좋아하는 데에 있다."[189]라는 말이 나오는데, 평범한 사람들도 겸손하게 배울 생각은 하지 않고 다른 사람을 가르치려만 들다 보면 이런저런 폐단이 생기게 마련이다. 하물며 완벽을 위해 끊임없이 노력해야 할 임금이 자만하여 더 나아질 수 있는 기회를 차단한다면, 이는 자신뿐 아니라 나라 전체에도 큰 불행이 될 것이다.

---

188) 『맹자』, 「공손추하」, "今天下地醜德齊, 莫能相尙, 無他. 好臣其所敎而不好臣其所受敎."
189) 『맹자』, 「이루상」, "人之患在好爲人師."

오늘날에도 다른 사람의 스승 노릇을 하려 드는 모습은 낯설지가 않다. 물론 멘토가 되어주고 부족한 점을 채워줄 수도 있겠지만, '조언'을 하는 것이 아니라 자신의 생각을 '강요'하는 경우가 많다. 이러한 경향은 윗자리에 있는 사람들이 더욱 심한데, 상사가 부하에게, 선배가 후배에게, 부모가 자식에게, 선생이 학생에게 "내가 해봐서 알아.", "잔말 말고 내 말대로 해."라고 쉽게 말하곤 한다. 하지만 지위가 높다고 해서 그 일을 잘할 수 있는 것은 아니다. 과거의 성공과 경험을 믿겠지만 아직도 유효하리라는 보장은 없다. 오히려 그것이 판단을 흐리는 독이 되기도 한다.

따라서 맹자의 말처럼 스스로를 '스승'이라고 자부할 것이 아니라 아랫사람도 기꺼이 스승으로 삼을 수 있다는 자세를 가져야 한다. 나는 아직 부족하며 나의 판단은 잘못될 수 있다는 사실을 항상 염두에 두어야 있다. 중국 당나라 때의 저명한 유학자 한유(韓愈, 768~824)는 『사설(師說)』에서 "굳이 나이가 나보다 앞인가 뒤인가를 따져서 무엇 하겠는가? 스승이란 귀함도 천함도 없으며 나이의 많고 적음도 없는 것이다. 오직 도가 있는 곳이 스승이 있는 곳이다."라고 하였다. 내가 배울 게 있고 나에게 깨우침을 줄 수 있는 사람이라면 그가 누구든지 다 스승인 것이다.

24

분노는 올바름을 잃게 만든다.
마음을 담담하고 맑게 가져라

현종실록과 정조실록 속의 대학 전7장

마음에 분노가 있으면 인사(人事)가 올바름을 얻을 수 없기 때문에, 나는 등용과 해임을 결정할 때 한시도 이것을 잊어본 적이 없다. 엊그제 이은에게 죄를 주면서 우선 파직으로 그친 것도 그래서이다. 혹시라도 내가 노여움 때문에 이치에서 벗어난 결정을 하지는 않을까 하여 다시 한 번 숙고해보고 상세히 살펴보고자 한 것이다. 그리하여 지난 이삼 일 동안 이 문제를 깊이 생각해보니, 엊그제 내린 처분은 결코 일시적인 분노로 인한 것이 아니었다. 오히려 처분이 너무 가벼워 나라의 기강이 아래로 떨어지고 신하가 분수를 어겨 위를 능멸할 우려가 있음을 깨닫게 되었다.[190]

1777년(정조 1년) 6월, 정조는 며칠 전 파직한 영중추부사 이은을 귀양 보냈다. 어영청의 영사(領事)[191]를 겸직하고 있던 이은은 어영대장 구선복과 업무를 논의하면서 볼썽사나울 정도로 심하게 다퉜다. 정조가 두 사람을 함께 질책하자 이은은 "법도를 무너뜨리고 무신이 문신을 능멸하는 습관을 열어놓음으로써 체통을 잃었습니다."라며 반발했다. 어영대장이 상관인 자신에게 무례한 것을 죄주어야지 왜 자기까지 잘못했다고 뭐라 하느냐는 것이다. 무신이 감히 문신에게 대들어도 되냐는 사고방식도 담겨 있었다. 그러면서 품위를 잃은 자신의 잘못은 생각하지 않고 오히려 임금이 체통을 잃었다며 비난한

---

190) 『정조실록』 1년 6월 26일

191) 정일품으로 해당 관청의 형식상 최고 책임자다. 주로 재상이 겸임하며 실질적인 권한 행사보다는 자문 역할을 담당했다.

것이다. 정조는 매우 언짢았지만 처벌에 대한 최종 결정을 며칠 늦추었다. 화가 났을 때는 판단력이 흐려져 올바름을 잃기 쉽기 때문이다. "마음에 분노가 있으면 인사가 올바름을 얻을 수 없다."라는 말은 그래서 나온 것이다.

이것은 원래 『대학』 전(傳)7장이 출처인데, 전문은 다음과 같다.

이른바 몸을 수양한다는 것이 그 마음을 바르게 하는 일에 있다는 것은, 마음에 노여움이 있으면 올바름을 얻을 수 없고, 두려움이 있으면 올바름을 얻을 수 없으며, 좋아함이 있으면 올바름을 얻을 수 없고, 걱정하는 바가 있으면 올바름을 얻을 수 없기 때문이다.[192]

감정의 영향을 받게 되면 바르게 헤아리고 옳게 판단할 수 없다는 것이다. 좋아하고 즐거워하는 감정에 취해 이면에 숨겨진 위험을 감지하지 못하고, 두려움이나 걱정하는 마음이 지나쳐 결정을 내려야 할 시기를 놓친다. 특히 노여움을 조심할 필요가 있는데, 노여움 때문에 판단이 흐려지기 때문이다. 실제로 사람이 되돌리기 힘든 실수를 저지르는 것은 분노에 휩싸였을 때가 가장 많다. 현종의 사례를 보자.

1664년(현종 5년) 4월, 평소 서인과 남인의 당쟁을 못마땅하게 생각했던 현종이 크게 화를 냈다. 이조에서 지나칠 정도로 당파에 치우

---

192) 『대학』, 전7장. "所謂脩身, 在正其心者, 身有所忿懥則不得其正, 有所恐懼則不得其正, 有所好樂則不得其正, 有所憂患則不得其正."

친 인사 서류를 올렸기 때문이다. 진노한 현종은 인사안을 정반대로 뒤집어버렸고, 이조의 담당 관리들도 모두 지방관으로 내쫓아버렸다. 영의정 정태화가 극구 만류했지만, "요즘 하는 짓들이 너무 속이 드러나 보이기 때문에 이렇게 벌을 내리는 것이다."라며 철회하지 않았다.[193] 해당 붕당의 관료들이 업무를 거부하고 성균관이 '공관(空館)', 즉 동맹휴업을 하는 등 반발하자 현종은 더욱 강경한 조치를 취했다. 당사자들을 전부 해임하고 공개 탄핵했으며, 휴업에 참여한 유생들의 과거시험 응시 자격을 박탈했다. 성균관의 빈자리도 반대 붕당의 유생들로 채우게 했다. 신하들이 "제발 분노를 가라앉히고 천천히 살펴달라"고 거듭하여 요청했지만 현종은 "오로지 자기 붕당만 두둔하고 임금을 업신여기려고 한다."[194] "그대들이 일만 번 시끄럽게 굴어도 끝내 이익 될 게 없을 것이니 번거롭게 하지 말라."[195]라고 말하며 요지부동이었다.

이 사태는 시간이 흘러 현종의 노여움이 잦아들고 나서야 진정되었는데, 현종 자신에게도 깊은 상처를 남겼다. 만약 현종이 신하들의 잘못을 냉정하게 지적하고 원칙과 절차에 따라 징계했다면, 신하들은 감히 반발하지 못했을 것이고 현종도 정국의 주도권을 얻었을 것이다. 하지만 순간의 화를 참지 못해 절차를 무시하고 감정적으로 행동함으로써, 간언을 억압하고 선비를 함부로 대한다는 오명을 뒤

193) 『현종실록』 5년 4월 20일
194) 『현종실록』 5년 4월 21일
195) 『현종실록』 5년 4월 22일

24. 분노는 올바름을 잃게 만든다. 마음을 담담하고 맑게 가져라

집어쓰게 됐다.

이 문제를 지적한 송준길(宋浚吉, 1606~1672)의 상소를 보자. 그는 현종에게 다음과 같이 진언했다.

성상께서 그런 분부를 내리신 것은 안타깝게도 분노로 인해 올바름을 얻지 못하셔서입니다. 요사이 화가 난 마음에서 내리신 명령들, 이를테면 인사 담당 관리를 파직하고 직첩을 회수한 일, 대각의 신하를 지방관으로 내보낸 일, 성균관의 유생들을 부황(付黃)[196]하고 정거(停擧)[197]한 일 등에 대해 모두 밝게 성찰하시옵소서. 그런 연후에 조치들을 도로 거두어들이시어 후회하고 사과하는 뜻을 보여주시옵소서. 그리되면 해와 달이 다시 밝아지는 것과 같아 모든 사람들이 우러러보게 될 것입니다.[198]

송준길 또한 현종의 화를 불러일으킨 당파에 속하는 인물이기 때문에 객관적이지 못한 점이 있었겠지만, 그의 상소를 받은 현종은 아무 말을 하지 못했다고 한다. 사과하라는 송준길의 요구가 불만스러웠겠지만 자신 역시 도가 지나쳤으니 할 말이 없었을 것이다.

그렇다면 현종은 아예 '노여운 감정' 자체를 가지면 안 됐었던 것

---

196) 성균관 유생이 학령을 위반했을 때 내리는 처벌로, 유생의 이름에 노란 종이를 붙인다고 해서 '부황(付黃)'이라고 부른다. 이 밖에도 유생들이 관리를 탄핵할 때 그 이름을 노란 종이에 쓰는 것을 부황이라고 부르기도 한다.
197) 과거시험 응시 자격을 일정 기간 정지 또는 박탈하는 것
198) 『현종실록』 5년 5월 10일

일까? 물론 그것은 아니다. 정자(程子)는 『대학』 전7장을 해설하며, "노여움(忿懥), 두려움(恐懼), 좋아함(好樂), 걱정함(憂患) 이 네 가지 감정은 모두 마음의 작용으로서 사람에게 없을 수 없다. 그러나 제대로 살피지 못해 욕심이 동하고, 정에 치우쳐 올바름을 잃게 되는 것이다."[199]라고 하였다. 명종 때 남언경(南彦經)도 다음과 같이 설명한다.

> 전하께서는 마음을 허공처럼 담담하고 맑게 가지시어 이와 같은 감정들이 마음속에 먼저 와 있게 하지 마옵소서. 그저 사물이 접근해 올 때에 따라 응하도록 하셔야 합니다. 사물이 접근하여 감정이 일어날 때에는 치우치지 않도록 하시고, 사물이 지나간 뒤에는 감정이 마음에 머물러 있지 않도록 하시옵소서.[200]

마음이 바르다고 해서 감정의 작용 자체가 없다는 뜻은 아니다. '외물(外物, 마음에 접촉되는 객관세계의 모든 대상)'이 내게 오면서 그에 따라 감정이 생겨나는 것은 사람이면 누구나 당연한 일이다. 다만 이러한 감정들을 미리 내 안에 가지고 있다가 외물을 핑계로 내세워서는 안 된다. 나의 편향된 마음으로 인해 감정을 심화시키거나 왜곡하는 것도 옳지 않다. 또한 감정에 흔들려서도 안 되며 외물이 떠나면 그 감정을 깨끗이 잊을 수 있어야 한다. 요컨대, 감정을 없앨 것이 아니

---

199) 『대학장구(大學章句)』, "蓋是四者, 皆心之用而人所不能無者. 然一有之而不能察, 則欲動情勝, 而其用之所行, 或不能不失其正矣."

200) 『명종실록』 21년 9월 12일

라 외물에 얽매이고 감정에 집착함으로써 생겨나는 내 마음의 동요를 막으라는 것이다.

그래서 『중용』에서는 희로애락(喜怒哀樂)의 감정이 일어나되, 모두 절도에 맞도록 하라고 강조했다. 마음을 텅 빈 거울처럼 만들고 거기에 비치는 감정의 상태를 직시해야 한다고 말했다. 내가 이런 감정을 느끼는 원인은 무엇이고 그 감정이 내 안에서 어떻게 작용하고 있으며, 또 나에게 어떻게 저애되고 있는지를 확인한다면 감정의 표출은 적절함을 잃지 않을 수 있을 것이다. 만약 지금 분노의 감정이 찾아왔다면 의식적으로라도 잠시 멈춰 내 마음을 성찰해보자.

25

좋아하면서도 나쁜 점을 살피고,
미워하면서도 아름다운 면을 알아본다

숙종실록과 영조실록 속의 대학 전8장

중국 춘추전국시대 위나라에는 미자하(彌子瑕)라는 소년이 있었다. 빼어나게 잘생겼던 그는 궁궐에서 살며 임금으로부터 각별한 사랑을 받았다. 그러던 어느 날, 어머니가 위독하다는 소식을 들은 미자하는 제멋대로 임금의 수레를 타고 집으로 달려갔다. 허락도 받지 않고 임금의 물건을 사용했으니 무거운 형벌을 받아야 마땅했지만, 왕은 그의 효성이 지극하다며 용서해주었다. 이뿐만이 아니다. 한번은 맛이 참 좋다며 자기가 먹던 복숭아를 임금에게 드셔보시라 권하기도 했다. 그의 무례한 행동을 보고 사람들은 경악했지만, 왕은 오히려 자신을 생각해주는 미자하의 마음이 기특하다며 그를 칭찬했다.

그런데 세월이 흘러 미자하가 나이를 먹자 상황이 달라졌다. 그의 아름다움이 사그라지면서 임금의 총애 또한 시들해진 것이다. 점점 그에게서 마음이 떠나던 왕은 어느 날 갑자기 미자하에게 벌을 내리고 말았다. 죄목은 과거에 자신이 칭찬해 마지않았던 앞의 두 사건이었다.

이처럼 어떤 사람을 좋아하거나 사랑하게 되면 그 사람에게 관대해진다. 단점이 눈에 들어오지 않고 잘못마저 예뻐 보인다. 문제는 이것이 감정의 치우침에서 생겨났다는 점이다. 치우친 감정은 객관적인 시선을 방해하고 균형 있는 인식을 가로막는다. 상대방에 대한 태도 역시 일관성 없게 흔들린다. 한마디로 상대를 올바로 대할 수가 없는 것이다. 이는 나 자신뿐 아니라 상대방에게도 불행한 일이다.

이러한 상황은 비단 좋고 싫음, 사랑과 미움 같은 감정에만 국한되

25. 좋아하면서도 나쁜 점을 살피고, 미워하면서도 아름다운 면을 알아본다

지 않는다. 두려움, 연민, 슬픔, 존경, 게으름 등의 감정들도 쉽게 마음을 치우치게 만들 수 있다. 『대학』 전(傳)8장에서 다음과 같이 말한 것은 바로 이 문제를 말하는 것이다.

> 사람은 친하고 사랑하는 데에서 편벽되며, 천하게 여기고 미워하는 데에서 편벽되며, 두렵고 공경하는 데에서 편벽되며, 슬퍼하고 불쌍히 여기는 데에서 편벽되며, 오만하고 게으른 데에서 편벽된다. 그러므로 좋아하면서도 나쁜 점을 살필 수 있고, 미워하면서도 아름다운 면을 아는 사람은 세상에서 찾아보기 어렵다.[201]

물론, 그렇다고 해서 감정 자체를 부정하라는 뜻은 아니다. 감정을 느끼되, 그 감정에 함몰되어 판단 능력을 마비시키지 말라는 것이다. 감정에 따른 편견을 지우고 실체를 정확히 파악하라는 의미이다.

조선 사회에서 이 문제는 왕에게 더욱 강조되었다. 숙종 때 열린 경연에서 김만기(金萬基, 1633~1687)는 다음과 같이 진언했다.

> 흔히 사람들은 자신이 사랑하는 사람에게는 비록 과오가 있더라도 애정에 가려서 그 과오를 보지 못합니다. 반대로 자신이 미워하는 사람에게는 비록 죄가 없더라도 이를 살펴주려 하지 않습니다. 그래서 원한을 품는 사람이 나오는 것입니다. 임금의 경우에는 좋아하고 미

---

201) 『대학』, 전8장, "人之其所親愛而辟焉, 之其所賤惡而辟焉, 之其所畏敬而辟焉, 之其所哀矜而辟焉, 之其所敖惰而辟焉. 故好而知其惡, 惡而知其美者, 天下鮮矣."

위함이 가져오는 결과가 더욱 중대합니다. 진정 사랑하면서도 그의 나쁜 점을 알고, 미워하면서도 그의 좋은 점을 아셔야 합니다. 사람에게 죄가 있고 없음을 살펴 명철하게 분별해낼 수 있다면 미혹에 빠지는 일이 없을 것입니다. 좋아하고 미워하는 감정이 마음을 덮게 되면 설령 공부를 많이 한 사람이라 해도 올바른 결과를 내놓지 못하는 법인데, 하물며 임금은 어떠하겠습니까?[202]

그러나 숙종은 이를 잘 지키지 못했다. 장희빈에 대한 총애가 지나쳐 국정에까지 영향을 주었을 뿐 아니라, 그때그때의 정치적 계산과 호불호의 감정에 따라 한 당파를 전멸시키는 환국(換局)을 단행함으로써 조정을 극단적인 대결로 내몰았다. 사사로운 감정을 자주 정치에 개입시켰던 것은 선조도 마찬가지다. 그는 신하들에 대한 감정을 도드라지게 드러낸 왕이었다. 선조는 "좋아하고 싫어함이 일정하지 않다."라는 비판을 받았는데, 즉 자신의 감정에 따라 신하를 좋아하고 싫어하며, 그조차 기준 없이 자주 뒤바뀐다는 것이었다. 이에 대해 선조는 "한 사람의 몸에는 옳은 것도 있고 그른 것도 있다. 미워하면서도 그 선한 바를 알고 좋아하면서도 그 나쁜 바를 알아, 옳은 것은 옳다 하고 그른 것은 그르다 하는 것은 바로 호오(好惡)의 천리(天理)로, 임금이라 해서 사사로이 마음대로 할 수 있는 것이 아니다."[203]라고 반박한다. 원칙 없이 기분 내키는 대로 한 것이 아니라,

202) 『숙종실록』 1년 4월 16일
203) 『선조실록』 17년 7월 1일

25. 좋아하면서도 나쁜 점을 살피고, 미워하면서도 아름다운 면을 알아본다

아끼는 신하에게서도 부족한 점을 보고 마음에 들지 않는 신하에게서도 긍정적인 점을 보려 하다 보니, 그렇게 보였다는 것이다. 하지만 이것은 변명에 불과하다.

물론 왕도 사람인 이상 개인적으로 좋아하거나 싫어하는 신하가 있을 수 있다. 좋아하는 신하의 단점은 덮어주고 싫어하는 신하의 장점은 외면할 수도 있다. 하지만 왕이 이처럼 주관적인 호불호에 따라 국정을 운영하고 인재를 등용하게 되면, 원칙과 체계가 흔들린다. 나라에 절실히 필요한 인재이지만 왕의 마음에 들지 않아 배척당하는 사람이 나오게 되고, 임금의 밑에는 그의 심기만 살피며 아부하는 사람들로 가득 차게 될 것이다. 그리되면 사람들의 불만이 팽배하여 정치는 투명성을 잃게 된다. 단순히 일을 그르치는 차원이 아니라 국가 전체를 위험에 빠뜨릴 수 있는 것이다. 『대학』의 가르침처럼 "좋아해도 나쁜 점을 알고, 미워해도 아름다운 점을 알아야" 하는 이유이다. 그래야 객관성과 공정성을 보장할 수 있다.

이는 집단에서도 예외가 아니다. 우리는 흔히 자기가 속한 집단에 대해서는 관대하다. 잘못이 있어도 덮어주고 오판을 내려도 합리화한다. 내부의 문제점들도 직시하지 않는다. 그러면서 상대편 집단에게는 엄격하다. 어떻게든 잘못을 끄집어내어 확대 해석하고, 장점이나 좋은 점은 외면한다. 그러다 보면 이쪽은 무조건 옳고 저쪽은 무조건 그르다는 도식이 만들어지는데, 이 과정에서 양자의 갈등은 더욱 심화된다. 조선 후기 들어 붕당이 격화된 것도 그 때문이다. 영조는 붕당에 대해 "만약 좋아하면서도 나쁜 점을 알고 미워하면서도 좋은 점을 안다면 어찌 당습(黨習)[204]이 있겠는가?"라고 한탄했다.[205] 자기 붕당의 나쁜 점을 알고 반대 붕당의 좋은 점을 안다면, 어느 정도 대립할지언정 협력과 화합을 이끌어낼 수 있다는 것이다. 서로의 존재 자체를 부정하는 극심한 대결도 일어나지 않을 것이다. 오늘날 우리에게도 시사하는 바가 많은 대목이다.

무릇 감정을 품고 그 감정의 영향을 받는 것은 사람이라면 어쩔 수 없는 일이다. 감정적으로 행동하다가 인간관계에 상처를 주고, 일에서도 나쁜 결과를 가져왔던 경험이 누구나 한 번쯤 있지 않은가? 감정이 변화하면서 상대방에 대한 평가가 달라졌던 일도 겪어봤을 것이다. 이를 모두 극복하고 객관적인 마음 상태를 유지하는 사람은 『대학』을 지은 증자의 말처럼 세상에서 찾아보기 힘들다. 따라서 우리가 해야 할 일은 이러한 인간의 한계를 명심하는 것이다. 좋아하는 감정이나 싫어하는 감정 때문에 사람을 잘못 판단할 수도 있다는 것을 인지해야 한다. 일을 객관적으로 파악하지 못하고, 상대를 올바로 인식하지 못할 수도 있다는 것을 전제해야 한다. 그래야 객관적인 시선을 잃어버리지 않기 위해 노력할 수 있는 것이다.

204) 붕당으로 인한 폐습
205) 『영조실록』 36년 11월 1일

26

하루하루를 새롭게,
또 새롭게

선조실록, 효종실록, 숙종실록, 영조실록 속의 대학 전2장

1693년(숙종 19년) 어느 봄날, 왕은 새로 지은 작은 전각에 이름을 붙이고 직접 다음과 같은 글을 지었다.

무릇 천하의 모든 일은 날마다 새롭게 하지 않으면 반드시 날마다 퇴보하게 마련이다. 더욱이 군주의 마음가짐은 정치를 하는 근본이며 만물을 교화하는 근원이니, 진실로 그 덕을 날마다 새롭게 하여 진작시키지 않는다면 어찌 백성들을 이끌 수 있겠는가? (……) 지금 학문에 충실하지 못한 바가 있으면 날마다 새롭게 할 것을 생각하고, 덕이 수양되지 못한 바가 있다면 날마다 새롭게 할 것을 생각해야 한다. 간언을 수용하고 경청하는 것이 폭넓지 못하다면 날마다 새롭게 할 것을 생각하고, 인재를 양성하는 방법이 옛날만 못하다면 날마다 새롭게 할 것을 생각해야 한다. (……) 날마다 새롭게 하는 근본은 무엇보다 사사로운 마음을 단호하게 잘라내는 것에서부터 시작하니, 사사로운 욕심을 물리쳐서 마음의 평정을 유지하라. 그리되면 덕을 잘 수양했는지는 바로 깨닫지 못할지라도 적어도 나라를 다스리는 성과만큼은 날로 새로워질 것이니, 이 '일신(日新)'이란 이름을 지은 뜻에 거의 어긋나지 않게 될 것이다.[206]

지금은 사라져버리고 없지만 경희궁의 한자리를 차지했던 '일신헌(日新軒)'에 대한 설명이다. 숙종은 "탕왕의 세숫대야에는 '진실로 날로

---

206) 『숙종실록』 19년 5월 13일

새로워지려거든 하루하루를 새롭게 하고, 또 새롭게 하라.'라고 새겨져 있다."[207]라는 『대학』의 구절에서 이 이름을 가져왔다. 우리가 세수를 하며 얼굴에 묻은 더러움을 씻어내듯이 옛날 은나라의 탕임금은 마음에 묻은 티와 먼지를 닦아내기 위해 매일같이 수신에 힘썼다. 그는 자신이 새겨놓은 글을 보며 나날이 새로운 마음으로 스스로를 진보시켰고, 하루하루 더 나아진 정치를 펼침으로써 성군(聖君)으로 추앙받았다. '일신헌'이라는 이름 속에는 이러한 탕임금을 본받겠다는 숙종의 다짐이 담겨 있다.

탕임금의 교훈을 중시했던 것은 비단 숙종뿐이 아니다. 영조도 그의 손자 정조에게 다음과 같이 당부한다.

할아비의 나이가 이미 일흔일곱이 되었다. 올해도 저물어가고 내 나이 또한 저물어가고 있으니, 당부의 말을 남기고자 한다면 지금 해야지 다시 또 어느 때를 기다리겠느냐. 내가 비록 노쇠하지만 너에 대해서는 누구보다 잘 알고 있다. 깊고도 침착한 도량과 분수를 아는 명철함은 네가 이 할아비보다 낫다. 그러나 두려워해야 할 점이 있으니, 성탕(成湯, 탕왕)의 성스러운 덕은 날로 새로워지고 또 새로워졌다는 것이다. 성인(聖人)도 이와 같으실진대, 하물며 그 아래 경지에 있는 사람은 어떠해야 하겠느냐?[208]

207) 『대학』, "湯之盤銘, 曰苟日新, 日日新, 又日新."
208) 『영조실록』 45년 11월 27일

정조가 제왕의 자질을 갖추고 있긴 하지만 거기에 안주하지 말고, 자기 자신을 더 낫게 만들 수 있도록 탕임금처럼 부단히 새로워지라는 것이다.

흔히 우리는 '어제의 나'보다 나은 '오늘의 나'가 되어야 한다고 말한다. 미국의 작가 헤밍웨이도 "타인보다 우수하다고 해서 고귀한 것은 아니다. 과거의 자신보다 우수한 것이야말로 진정으로 고귀한 것이다."라는 어록을 남겼는데, 역시 같은 맥락이다. 무릇 나를 한계 짓고 나를 나태하게 만드는 적은 다른 누구도 아닌 바로 '나 자신'이다. 포기도 다른 사람 때문에 하는 것이 아니라 나로 인해서 하는 것이다. 다른 사람과 나를 비교할 필요도 없다. 나는 그가 아니다. 그와 가는 방향도 다르고 보폭도, 속도도 다르다. 나의 목적지에 도달하기 위해서는 그저 나 자신만 살피고 확인하면 된다. 잘못된 길로 들어서지는 않았는지, 혹 후퇴하진 않았는지, 어제보다 진보했고 보다 성숙했는지. 그 외에 다른 길은 없다.

그렇다면 과거의 자신보다 우수해지기 위해서 지금의 나는 무엇을 해야 할까? '어제의 나'보다 나은 '오늘의 나'가 되고 '오늘의 나'보다 나은 '내일의 나'를 만들기 위해, 나는 어떻게 해야 할까? 바로 탕왕이 새겨놓은 글처럼 하루하루를 새롭게 하고 또 새롭게 하는 자기 혁신이 필요할 것이다. 공부로써 지식과 능력을 배양하고, 열린 마음으로 새로운 생각을 받아들이며, 이전까지의 관행과 습관에서 탈피해 과감히 도전하는 자세가 요구된다. 창의적인 안목을 키우고 반성과 성찰로 자신을 더욱 깊게 만드는 것도 중요하다. 이를 토대로 '나'

26. 하루하루를 새롭게, 또 새롭게

는 '새로운 나', '더 나아진 나'가 되어 끊임없이 발전하는 삶을 열어 갈 것이다.

조선에서 "은나라 탕왕처럼 항상 나날이 새로워지기 위해서는 임금의 경연(經筵)이 중요하다."[209]라고 강조한 것도 그래서다. 임금은 보통 하루 세 번 경연에 나간다. 그 자리에서 임금은 학문을 배우고, 신하들과 국정 현안을 토론하면서 자신의 부족한 점을 채운다. 간언을 들으며 잘못을 고치고 실수를 개선해나간다. 이와 같은 정신적 성장 속에서 국정을 담당할 수 있는 안목과 역량을 키우는 것이다. 종묘사직과 백성을 책임져야 하는 막중한 임무를 부여받은 임금에게 경연은 '어제보다 나은 나'를 만드는 도구이자 수련의 장이었던 것이다.

그런데 이렇게 나를 새롭게 만드는 작업은 생각만큼 쉽지가 않다. '붉은 여왕 효과(Red Queen effect)'를 떠올려보자. 루이스 캐럴의 소설 『이상한 나라의 앨리스』에서 붉은 여왕은 앨리스에게 이렇게 말한다. "제자리에 있기 위해서는 계속 뛰어야 한다." 어떤 대상이 변화해도 주변 환경 역시 같이 변화하고 있기 때문에, 웬만큼 달라지지 않고서는 그 자리에 머물거나 도태된다는 것이다.

나를 새롭게 하고, 하루하루를 새롭게 만드는 노력 또한 마찬가지다. 내가 업그레이드되면 나를 가로막는 장애물도 업그레이드된다. 내가 새로워질수록 내가 마주하고 감당해야 할 일들도 갈수록 커지

---

209) 『선조실록』 6년 9월 21일; 『효종실록』 5년 1월 15일

고 복잡해진다. 그렇다고 만약 아무것도 하지 않는다면 그 자리에 머무르는 것조차 기약할 수 없게 될 것이다. 내가 올라서 있는 길은 계속 움직이기 때문에, 서두에서 소개한 숙종의 말처럼 이내 퇴보하고 만다. 그러면 전진하기 위해서는? 지금보다 몇 배 더 노력해야 하는 것이다. 탕왕이 진실로 새로워지려면 '하루하루', 그리고 '또' 새로워져야 한다고 말한 것은 그래서였을 것이다. 『대학』이 전해주는 탕왕의 교훈은, 우리가 새로워지고자 한다면 일회성이 아닌 꾸준한 노력이 투입되어야 한다는 것, 새로워지기 위해서는 거듭하고 또 거듭해서 노력해야 한다는 것을 가르쳐주고 있다.

26. 하루하루를 새롭게, 또 새롭게

27

친구로부터 믿음을 받지 못하면
윗사람의 신임을 얻을 수 없다

선조수정실록과 인조실록 속의 중용 20장

1630년(인조8년) 당시 좌의정이었던 김류(金瑬, 1571~1648)가 상소를 올렸다.

신이 풍수에 관한 최명길의 주장을 논하면서 우연히 희릉(禧陵)[210]의 사례를 인용하였습니다만 결코 김안로를 언급한 적은 없습니다. 신이 김안로와 같은 일을 의도하여 은밀하게 누군가를 모함할 계책을 꾸몄다고 한다면, 신은 억울하여 만 번 죽더라도 눈을 감지 못할 것입니다. 더욱이 설령 신이 음험하고 간특한 마음을 품고서 정말로 다른 이를 모함하고자 했더라도 아직 이를 밖으로 표출한 바가 없습니다. 어찌 드러나지도 않은 것을 가지고 미리 속단하며 신을 의심할 수 있단 말입니까? 맹자는 "친구에게서 믿음을 받지 못하면 윗사람의 신임도 얻지 못한다."라고 하였습니다. 스스로 돌아보건대 동료로부터 신뢰를 얻지 못하여 이처럼 씻기 어려운 오명을 남기게 되었으니, 장차 무슨 낯으로 조정을 더럽힐 수 있겠나이까![211]

며칠 전, 김류는 선조의 능인 목릉(穆陵)을 이장하는 문제를 두고 최명길과 논쟁을 벌였다. 그러면서 희릉의 사례를 거론했다. 중종 때의 권력자 김안로가 희릉을 옮기면서 능을 잘못 조성했다는 죄를 뒤집어씌워 정적을 제거했으니, 최명길 또한 그런 의도가 아니냐는 것이다. 이 말을 들은 최명길은 격분했고, 치욕적인 말을 들었으니 당장

---

210) 중종의 계비 장경왕후(章敬王后)의 능

211) 『인조실록』 8년 8월 17일

조정에서 물러나겠다고 선언했다. 다른 신하들은 오히려 김류가 김안로와 같은 일을 벌이려는 것이 아니냐고 비판하는 등 조정은 벌집을 건드린 듯 소란스러워졌다. 이에 김류는 자신의 뜻은 그게 아니라며 변명하는 상소를 올린 것이다.

하지만 김류의 상소는 궁색해 보인다. 조선에서 '희릉의 일'은 김안로의 음험한 계략을 뜻하는 관용어처럼 쓰이고 있었기 때문이다. 김안로라는 이름을 언급하지 않았다고 해서 다른 의미가 될 수는 없는 것으로, 김류도 이를 몰랐을 리가 없다. 아무튼 김류는 같은 반정 일등공신인 '동지(同志)' 최명길이 자신의 진심을 믿어주지 않는다면서, 이러한 상황에서 임금의 신임 또한 기대할 수 없으므로 관직에서 물러나겠다고 밝혔다. 이때 그는 "친구로부터 믿음을 받지 못하면 윗사람의 신임도 얻을 수 없다."[212]라는 맹자의 말을 인용했는데, 이 구절은 『중용』 20장에도 거의 비슷하게 수록되어 있다. 원래는 공자가 한 말로, 『중용』에 수록된 전문은 다음과 같다.

아랫자리에 있으면서 윗사람으로부터 신임을 얻지 못하면 백성을 다스릴 수 없을 것이다. 윗사람에게 신임을 얻는 데는 방법이 있으니, 친구의 믿음을 얻지 못하면 윗사람의 신임도 얻지 못할 것이다. 친구의 믿음을 얻는 데는 방법이 있으니, 부모님께 효도하고 순종하지 않으면 친구로부터 믿음을 얻지 못할 것이다. 부모님께 효도하고 순종

---

212) 『맹자』, 「이루상」, "不信於友, 弗獲於上矣."

하는 데는 방법이 있으니, 스스로 돌이켜보아 성실하지 못하면 부모님께 효도하고 순종하지 못할 것이다. 스스로 돌이켜보아 성실하게 하는 데는 방법이 있으니, 선(善)에 밝지 못하면 스스로를 성실하게 하지 못할 것이다.[213]

여기서 "스스로 돌이켜보아 성실하게 한다."라는 것은 마음과 행동이 일치되어야 한다는 뜻이다. 겉으로 부모님을 정성껏 섬기는 듯해도 속마음이 다르다면 이는 성실하지 못한 것이다. 이런 사람은 부모님을 물질적으로 풍요롭게 해드릴 수 있을지는 몰라도 어디까지나 겉치레일 뿐, 진정으로 부모님을 기쁘게 해드릴 수 없다.

친구와의 관계도 마찬가지다. 우정은 친구에게 무조건 잘해주거나 친구가 하자는 대로만 하는 것이 아니다. 진심으로 친구를 대하는 일이 무엇보다 중요하다. 그리고 부모님에게는 효도하지 않으면서 친구의 믿음을 얻겠다는 사람이 있는데, 불효자를 친구로 신뢰하는 경우는 드물 것이다. 가장 기초적인 인간관계를 팽개친 사람이 타인과의 관계는 잘 맺을 거라 기대하기 어렵다.

친구로부터 믿음을 받지 못하면 윗사람의 신임을 얻을 수 없다는 것도 같은 맥락이다. 가까운 사람의 신뢰조차 얻지 못하는 사람이 괜찮은 사람일 수 있을까? 동료와 소통하지 못하고 협력하지 못하

---

213) 『중용』, "在下位不獲乎上, 民不可得而治矣. 獲乎上有道, 不信乎朋友, 不獲乎上矣. 信乎朋友有道, 不順乎親, 不信乎朋友矣. 順乎親有道, 反諸身不誠, 不順乎親矣. 誠身有道, 不明乎善, 不誠乎身矣."

는데 업무를 잘할 턱이 없고, 친구에게 진실하지 못한데 윗사람에게 최선을 다할 리가 없다. 가식이나 아첨으로 잠시 잘 보일 수 있을지는 몰라도 이런 사람의 실체는 금방 드러나게 마련이다. 요컨대 진실하고 정성스러운 마음을 갖고 그것을 실천할 수 있어야 부모님께 효도하고 친구의 신뢰를 얻으며, 사회생활을 잘하고 윗사람의 인정도 받을 수 있는 것이다.

이 대목은 조선 선비들이 관직 생활을 하는 데 중요한 지침이기도 했다. 특히 동료로부터 믿음을 받지 못하면 그 자리에 있을 자격이 없다고 생각했다. 율곡 이이(李珥, 1536~1584)의 말을 보자.

신은 본래 어리석어 형세를 살피는 능력이 부족한데도 여러 번 상소를 올렸다가 여론이 꺼리는 바에 저촉되었습니다. 하여 선비들이 마음으로 따라주지 않습니다. 이제 신은 고립되어 의지할 곳이 없습니다. 지금 한차례 소요가 일어난 것은 사람들이 신을 모함해서가 아닙니다. 모두 신이 동료들로부터 신뢰를 받지 못했기 때문에 벌어진 일입니다. 신은 일찍이 친구들에게 믿음을 받지 못했는데 윗사람에게서 인정을 받았다는 말을 들어본 적이 없습니다.[214]

당시 이이는 동인과 서인의 대립을 조정하려고 나서면서 양 붕당으로부터 함께 비난을 받고 있었다. 이이가 객관적이고 중립적으로 행

---

214) 『선조수정실록』 16년 10월 1일

동해도 붕당들의 입장에선 우리 편에는 불리하고 상대편에는 유리한 것이었기 때문이다. 그러나 이이는 그에게 쏟아진 비난을 자신의 부족함으로 돌렸다. 자기가 더 진심을 다했다면, 자신이 보다 노력했다면 상황이 나아졌을 것이고, 자연히 비난도 없었으리라는 것이다.

그런데 선비들이 친구의 신뢰를 얻고 자신의 진심이 오해받지 않는 것을 중요하게 생각했다고 해서, 타인의 시선이나 평판을 따졌기 때문이라고 보아서는 안 된다. '타인으로부터의 신뢰'가 내 자신이 수양한 결과를 보여준다고 판단했을 따름이다. 평소 내가 마음을 바르게 하고 올바름을 실천하며 말과 행동이 일치하는 삶을 살아왔다면, 내가 어떤 선택을 하더라도 사람들은 나를 이해해줄 것이다. 당장은 납득할 수 없는 행동을 하더라도 나를 믿고 기다려줄 것이다. 반면에 착한 일을 해도 어떤 저의가 있는지 의심받고, 바른 말을 해도 오해를 산다면 이것은 나에게 문제가 있어서이다. 스스로 깊이 반성해볼 필요가 있다. "친구로부터 믿음을 받지 못하면 윗사람의 신임을 얻을 수 없다."라는 구절이 갖는 의미는 여기에 있다.

28

말은 행동을 돌아보고
행동은 말을 돌아본다

성종실록 속의 중용 13장

중국 송나라 때의 일이다. 젊은 학자 유안세(劉安世)가 당대의 석학 사마광(司馬光, 1019~1086)[215]에게 질문했다. "수만 개의 한자 중에서 가장 새겨야 할 글자는 무엇입니까? 죽을 때까지 온 힘을 다해 실천해야 할 글자를 가르쳐주십시오." 사마광이 말했다. "정성 성(誠) 자일세." 유안세가 다시 물었다. "정성을 다하려면 어찌해야 합니까?" 사마광이 답했다. "말을 함부로 하지 않는 것에서 시작해야 하네." 속마음과 다른 말을 하지 말고, 일단 꺼낸 말은 행동으로 실천하라는 것이다.

처음 유안세는 이것이 매우 쉬운 일이라고 생각했다. 하지만 막상 평소의 말과 행동을 하나하나 정성껏 바로잡으려고 보니 쉽지가 않았다. 서로 맞지 않고 모순되는 것이 많았다. 그래서 힘껏 노력한 지 7년이 지나서야 비로소 말과 행동을 일치시키고, 겉과 속이 하나로 일관되게 만들었다고 한다.

1654년(효종 5년) 사헌부는 유안세의 이 일화를 소개하며 임금에게 다음과 같이 상소를 올렸다.

유안세는 그저 한 사람의 선비였습니다. 교유하는 사람이라야 친척과 같은 고을에 사는 사람들, 비슷한 위치에 있는 관리들 정도입니다. 이런 사람도 스스로 말과 행동을 되돌아보니 서로 모순되고 어긋나는 것들이 있었습니다. 그렇다면 임금은 과연 어떻겠습니까? 크나큰

215) 『자치통감(資治通鑑)』의 저자

나라와 많고 많은 백성을 상대하며 날마다 갖가지 변화무쌍한 일들을 마주해야 합니다. 온갖 사무를 처리해야 합니다. 이 모든 것들을 해야 하니, 말에 실수가 없으려 해도 어찌 되겠습니까?[216]

말과 행동을 일치시키는 것은 평범한 개인에게도 무척 어려운 일이다. 하물며 하루에도 갖가지 업무를 처리하고 수많은 사람을 만나야 하는 임금은 더 말할 나위가 없다. 몇 배, 몇십 배의 노력이 필요한 것이다.

자, 그렇다면 말과 행동을 일치시켜야 하는 이유는 무엇일까? 사마광의 말처럼 정성스럽고 성실하기 위해서다. 이것은 신뢰와 직결된다. 무릇 실천하지 않는 말은 공허하고, 말과 어긋나는 행동은 힘을 잃는 법이다. 입으로는 이래야 한다, 저래야 한다고 말을 쏟아내면서도 정작 본인은 그 말처럼 하지 않는다면 어떨까? 말로는 올바름을 외치면서도 행동은 이익을 탐한다면 어떨까? 이는 다른 사람뿐 아니라 자기 자신까지 속이는 것이다. 전에는 그렇게 말했으면서 지금은 반대로 행동하고, 자신은 이렇게 행동하면서 다른 사람한테는 다르게 행동하라고 요구한다면 사람들은 그를 신뢰하지 않을 것이다.

평소에 덕을 실천하고 평소에 말을 삼간다. 부족한 바가 있으면 감히

---

216) 『효종실록』 5년 6월 17일

노력하지 않고는 못 배기며, 남는 것이 있으면 감히 다해버리지 않는다. 말은 행동을 돌아보아야 하고 행동은 말을 돌아보아야 하니 군자가 어찌 삼가 독실하지 않을 수 있겠는가![217]

『중용』 13장의 구절은 바로 이 점을 이야기하고 있다. 말을 꺼내면 이를 행동으로 실천해야 하고, 행동을 했으면 그것이 내가 한 말과 부합하는지 항상 살펴보며 노력해야 한다는 것이다.

성종 때의 실록 기사를 보자.

전하께서 지난번 사간원에서 올린 상소에 답변하시길, "재목(材木)은 먹줄을 따르면 곧게 되고 임금은 간언을 따르면 성군이 된다고 하니 내 일찍이 이 말을 세 번 반복하여 되새겼다."라고 하셨습니다. 이 말을 들은 신민(臣民)이 기뻐서 경하한 지 이제 겨우 몇 달이 지났을 뿐인데, 지금 전하께서는 대간(臺諫)의 간언을 받아들이지 않고 계십니다. 말은 행동을 돌아보고 행동은 말을 돌아보아야 한다는 도리에 비추어볼 때 과연 어떻습니까?[218]

한번은 성종이 앞으로 간언을 잘 듣겠다고 약속해놓고 다시 간언이 올라오자 이를 무시한 적이 있었다. 그러자 유자광이 왜 앞서 한 말

---

217) 『중용』, "庸德之行, 庸言之謹. 有所不足, 不敢不勉, 有餘, 不敢盡. 言顧行, 行顧言, 君子胡
  不慥慥爾!"
218) 『성종실록』 8년 8월 23일

을 지키지 않느냐고 항의한 것이다. 고종도 신하들로부터 "말과 행동을 일치시키시지 못할 바에야 말씀을 하시지 않는 편이 낫습니다."[219]라는 핀잔을 들었는데, 이처럼 말과 행동을 일관되게 할 자신이 없다면 차라리 침묵하는 것이 나을지도 모른다.

이러한 가르침은 다른 유교 경전에서도 찾아볼 수 있다. 『대대예기(大戴禮記)』에 보면 "사람은 반드시 그 말을 믿을 수 있어야 한다. 그래야 그 말을 따라 행동할 수 있다. 사람은 반드시 그 행동을 믿을 수 있어야 한다. 그래야 그 행동을 따라 실천할 수 있다."[220]라는 대목이 나오고, 『예기(禮記)』에는 "말만 하고 행하지 못할 것이라면, 군자는 말하지 않는다. 행하기만 하고 말하지 못할 것이라면, 군자는 행하지 않는다."[221]라고 기록되어 있다. 『논어』의 "그 말을 먼저 행동으로 보이고 그런 다음 말이 행동을 따르게 하라."[222] "옛 선현들이 말을 쉽게 하지 않은 것은 자신의 실천이 이에 미치지 못할까 두려워했기 때문이다."[223] "군자는 말이 행동에 앞서가는 것을 부끄럽게 여긴다."[224]라는 문장도 같은 맥락이다. 모두 말과 행동이 일치해야 한다는 점을 강조하고 있다.

이러한 자세는 특히 리더에게 더욱 중요하다. 《위 워 솔저스(We

---

219) 『고종실록』 41년 7월 15일

220) 『대대예기』, 「증자입사(曾子立事)」, "人信其言, 從之以行, 人信其行, 從之以復."

221) 『예기』, 「치의(緇衣)」, "可言也不可行, 君子弗言也. 可行也不可言, 君子弗行也."

222) 『논어』, 「위정」, "子貢問君子, 子曰, 先行其言, 而後從之."

223) 『논어』, 「이인(里仁)」, "子曰, 古者, 言之不出, 恥躬之不逮也."

224) 『논어』, 「헌문」, "子曰, 君子, 恥其言而過其行."

were Soldiers)》라는 영화를 보면, "전투에 투입되어 헬리콥터에서 뛰어내릴 때, 내가 가장 먼저 적진을 밟을 것이고 맨 마지막에 적진에서 나올 것이다. 단 한 명도 내 뒤에 남겨두지 않겠다."라는 대사가 나온다. 주인공의 이 말은 병사들의 사기를 크게 높여주었는데, 단순히 말이 멋있어서가 아니다. 주인공은 항상 그렇게 행동했고 그 말을 실천해왔다. 자신이 책임질 수 있는 말, 실행에 옮길 수 있는 말을 했기 때문에 그와 같은 효과를 발휘한 것이다. 임진왜란 때 이순신 장군도 마찬가지다. 백의종군에서 풀려나 다시 삼도수군통제사가 된 이순신에게 수많은 백성들이 모여들었다. "비록 전선(戰船)은 적지만, 신이 죽지 않은 이상 왜적은 감히 우리를 업신여기지 못할 것입니다."[225]라는 단호한 말에 조정은 수군을 폐지하겠다는 결정을 철회했다. 열두 척의 배로 수백 척과 맞서 싸워야 하는 최악의 상황이었지만, 그동안 그가 보여주었던 말과 행동에 대한 신뢰가 있었던 것이다.

흔히 리더십은 신뢰자본이 바탕이 되어야 한다고 말한다. 신뢰는 조직을 단단하게 만들어주는 접착제이다. 리더와 구성원을 이어주는 연결고리이기도 하다. 구성원이 리더의 비전을 따라서 리더가 가리키는 방향으로 나아가기 위해서는 무엇보다 리더를 믿을 수 있어야 한다. 리더를 신뢰하지 않는데 어떻게 그 사람이 하는 말을 믿고, 그 사람의 지시를 이행하기 위해 최선을 다할 수 있을까? 이는 불가

---

225) 『이충무공전서(李忠武公全書)』

능하다.

그렇다면 신뢰를 확보하기 위해서는 무엇이 필요할까? 여러 가지가 있겠지만 뭐니 뭐니 해도 중요한 것은 말과 행동이다. 사소한 일이라도 언행이 일치할 때 다른 사람들이 그를 믿게 된다. 진심 어린 말을 하고 그 말을 반드시 실천하며 그 행동에 책임을 질 때, 신뢰 자본이 쌓이는 것이다. 이는 리더뿐 아니라, 다른 사람과의 관계 속에서 살아가야 하는 모든 이들에게 해당하는 이야기다.

29

지극히 정성을 다하는 사람만이
세상을 변하게 한다

중종실록과 순조실록 속의 중용 23장

얼마 전, 포털 사이트에서 '중용 23장'이 핫 키워드에 오른 적이 있다. 어려운 고전으로 인식되어 온 『중용』이 세간의 화제가 된 것은 "작은 일도 무시하지 않고 최선을 다해야 한다. 작은 일에도 최선을 다하면 정성스럽게 된다. 정성스럽게 되면 겉에 배어 나오고 겉에 배어 나오면 겉으로 드러난다. 겉으로 드러나면 이내 밝아지고 밝아지면 남을 감동시키니, 남을 감동시키면 이내 변하게 되고 변하면 생육된다. 그러니 오직 세상에서 지극히 정성을 다하는 사람만이 나와 세상을 변하게 할 수 있는 것이다."[226]라는 어느 영화의 대사 덕분이었다. 다소 의역이 들어가기는 했지만 이 대사가 바로 『중용』 23장으로, 작고 사소한 일에서도 정성을 다할 때 그 효과가 구체적으로 나타나고, 그것이 확산되어 나 자신뿐 아니라 세상까지도 변화시킬 수 있다는 뜻을 담고 있다.

유교에서는 이 '정성'을 핵심 가치의 하나로 여기는데, 중용의 다른 장에서도 '정성'이 거듭 강조된다. 특히 25장을 보면 "정성이라는 것은 만물의 처음이자 끝이니, 정성스럽지 못하면 만물도 존재하지 않는다."[227]라고까지 이야기한다. 어떻게 주관적인 마음의 작용인 정성이 외부 사물의 존재 여부까지 판가름한다는 것일까? 물론 정

---

226) 영화 대사로 쓰인 글이 의역이므로 원문과 번역을 함께 소개한다. "(위대한 성현의) 그 다음가는 사람은 어느 하나를 지극히 하니, 하나를 지극히 하면 능히 정성스러울 수 있다. 정성을 다하면 형상을 이루고 형상을 이루면 드러나게 되니, 드러나면 밝아지고 밝아지면 감동시킬 수 있다. 감동시키면 변하고 변하면 화할 수 있으니, 오직 천하에 지극히 성실한 사람만이 능히 변화를 이끌 수 있는 것이다(其次 致曲, 曲能有誠, 誠則形, 形則著, 著則明, 明則動, 動則變, 變則化, 唯天下至誠, 爲能化)."

227) 『중용』, "誠者物之終始, 不誠無物. 是故君子誠之爲貴."

성이 없다고 해서 만물이 물리적으로 존재하지 않는다는 뜻은 아니다. 주자(朱子)의 설명을 빌리자면 정성은 만물에 가치를 부여해준다. 상대방을 온전히 인식하고 소통하는 행위이기도 하다. 누군가를 사랑한다고 말하면서 그 사람을 정성으로 대하지 않는다면 그것을 진정한 사랑이라고 할 수 없듯이, 정성이 따르지 않는 인간관계는 무의미한 것이다. 상대방의 참모습도 볼 수가 없다. 그렇기 때문에 정성이 없으면 만물이 존재하지 않는다고 한 것이고, 한순간이라도 정성스럽지 못한 순간이 있어서는 안 된다고 말하는 것이다. 지성무식(至誠不息), "지극한 정성은 쉼이 없다."라는 중용 26장의 격언은 그래서 나왔다.

'지성무식'은 군주가 유념해야 할 자세로도 강조되었는데, 임금은 무한한 정성을 다해야 하기 때문이다. 구성원들이 각자의 가능성을 남김없이 발휘할 수 있도록 지도하고, 올바른 결정을 내려 좋은 정치를 구현하며, 나라를 훌륭하게 이끌어 세상을 아름답게 변화시키기 위해서 임금은 무엇보다 노력을 멈추지 말아야 한다. 그래야 자신에게 주어진 책무를 완수할 수가 있다.

회재(晦齋) 이언적(李彦迪, 1491~1553)은 이 부분을 중종에게 다음과 같이 설명했다.

지극한 정성을 다해 쉼이 없어야 임금의 덕이 무궁해지고, 임금이 세우는 업적도 크고 넓어지는 법입니다. 무릇 쉬지 않으면서 만물을 낳고 기르는 것은 하늘의 도리입니다. 임금은 하늘의 명을 받아 그 자

리에 오른 것이니, 진실로 지극히 정성스러운 덕이 위아래에 미치지 않는다면, 어찌 하늘의 도리를 따라 하늘이 주신 직책을 수행하고, 천지가 제자리에 서게 하여 만물이 본성대로 육성되도록 만들 수 있겠습니까![228]

임금은 하늘을 대신하는 존재다. 하늘이 만물을 보살펴 자라게 하듯, 백성들이 성장해 꿈을 이루고 행복한 삶을 살아갈 수 있도록 이끌어야 한다. 이처럼 중요하고 무거운 책임을 감당하려면 보통의 노력으로는 안 된다. 쉼 없이 정성을 다해야 비로소 목표에 도달할 수 있는 것이다.

1827년(순조 27년) 우의정 심상규도 대리청정(代理聽政)의 첫 집무를 시작한 효명세자(孝明世子)에게 비슷한 진언을 올렸다.

나라는 오직 정성과 근면으로써 다스려야 합니다. 지금 저하는 대조(大祖, 순조)께서 부탁한 중책을 맡으셔서 하늘을 대신해 만물을 다스리고 나랏일을 총괄하게 되셨습니다. 만약 전하께서 근면하지 않으시면 하루에도 만 가지 기무를 처리해야 하는 중책을 맡을 수 없고 그 번잡함도 제어할 수가 없을 것입니다. (……) 탕왕이 이른 새벽부터 밝은 정치를 위해 고심한 것과 문왕이 밥을 먹을 겨를조차 없다고 한 것, 이 모두 오늘날 저하께서 본받으셔야 할 일들입니다. 정치와 명령을 시행하고 조치함에 있어서 어찌 한순간이라도 근면하지 않을 수 있겠습니까. 그런데 근면하는 도리는 억지로 하는 것과 진실하게 하는 것의 차이가 있습니다. 억지로 근면하다 보면 종종 중도에 끊어지고 마니, 처음과 끝을 한결같게 할 수가 없습니다. 날마다 엄숙하고 공경하라는 가르침을 지키지 못하는 것입니다. 『중용』에서 "지극한 정성은 그침이 없다."라고 말한 것처럼, 진정한 근면이 유구무강(悠久無疆)한 왕업을 이루게 되는 이유가 바로 여기에 있습니다. 아울러 정성이 없으면 만물도 없는 것이니, 근면하되 정성이 없어서는 안 됩니다. 이는 헛된 수고만 할 뿐이며 한갓 번거로울 뿐입니다.[229]

진심에서 우러난 정성으로 정치에 임해야 임금으로서의 역할을 다할 수 있고, 그 노력을 멈추지 않아야 성공한 임금이 될 수 있다는 것이다.

물론 말은 쉽지만 실천하기는 어려운 문제다. 아무리 훌륭한 마음가짐으로 굳은 결심을 했더라도 처음부터 끝까지 일관되게 행동하기란 쉬운 일이 아니다. 한순간도 나태하지 않고 정성을 다한다는 것은 보통 사람에게는 매우 힘든 과제이다. 효종 때 신천익의 말을 보자.

신이 생각하건대, 마음을 바르게 하는 것은 나라를 다스리기 위해

---

229) 『순조실록』 27년 2월 20일

가장 중요합니다. 임금이 자신의 마음을 바르게 한다면 말과 행동이 모두 바르게 될 것이고, 어떤 일을 언제 어디에 시행한들 바르지 않은 바가 없을 것입니다. 따라서 시정(時政)의 바름과 바르지 못함, 조정의 바름과 바르지 못함, 내외(內外)의 바름과 바르지 못함은 더는 근심할 바가 못 됩니다. 그런데 이처럼 임금의 마음을 바르게 하는 것이 나라를 다스리는 큰 근본임을 알았으니, 누구나 다 부지런히 마음을 바로 하는 데 힘쓸 것 같아도, 처음에는 부지런하다 나중에는 게을러져 끝내 마음을 바르게 만들지 못하는 임금들이 많았습니다. 한나라와 당나라, 송나라의 여러 군주들 중에 마음을 바르게 하여 시종 한결같았던 이는 드물었습니다. 아! 이는 결국 정성을 다하지 못했기 때문이니, 부디 마음에 새기소서.[230]

처음에는 정성스럽다가도 갈수록 나태해지는 것이 인지상정이다. 따라서 본래 계획했던 목표를 이루기 위해서는 점점 흐트러지는 마음을 붙잡고, 처음의 뜻과 자세를 유지할 수 있도록 노력해야 한다. 역사를 보면 초반에는 명군의 자질을 보였지만 얼마 지나지 않아 오만과 독선에 빠지고, 사치와 향락에 젖어들며, 인재를 분간하는 눈을 잃어버린 군주들이 있었다. 크게 엇나가지는 않았더라도 처음에만 반짝하고 갈수록 무기력해져 범범한 군주로 전락한 경우는 부지기수다. 그 이유는 바로 정성이 지극하지 못했거나, 그 정성에 멈춤이

---

230) 『효종실록』 즉위년 10월 15일

29. 지극히 정성을 다하는 사람만이 세상을 변하게 한다

있었기 때문이다.

즉, 정성은 개인의 삶이 마주하는 모든 영역에서, 공동체의 생존과 발전을 위한 전 분야에서, 그 일이 성공하고 완성될 수 있도록 만들어주는 핵심 요소이다. 이 정성은 자신의 진심과 노력을 꾸준하고도 남김없이 투입하는 것이기 때문에 결코 쉽진 않다. 하지만 서두에서 인용한 『중용』 23장의 구절처럼, 더 나은 나를 만들고, 더 나은 세상을 만들기 위해서는 정성 외에 다른 방법은 없다. 맹자의 말을 빌리자면, 정성이 전제되어야 비로소 삶은 아름답고 위대할 수 있는 것이다. 지극한 정성이 멈춤이 없어야 하는 것은 그래서이다.

30

나랏일은 원칙을 가지고
미리 준비하고 꾸준히 노력해야 한다

성종실록, 연산군일기, 중종실록, 숙종실록, 순조실록 속의 중용 20장

1801년(순조 1년), 순조는 다음과 같은 교서를 발표했다.

> 내가 『중용』을 읽고 있는데, 천하와 국가를 다스리는 아홉 가지 도리,
> 즉 '구경(九經)'이 있으니, 그 여섯번째 항목에 이르기를 "백성을 자식
> 처럼 돌보아야 한다."라고 하였다. 주자는 이를 "백성을 내 자식처럼
> 사랑하여 보살핀다는 뜻으로, (……) 어버이가 그 자식을 양육함에
> 있어서 질병에 걸리면 반드시 구원하는 법이니 임금도 이와 같이 백
> 성을 간곡히 어루만져주고 구해주어야 한다."라고 풀이하였다.[231]

그러면서 순조는 전격적으로 공노비(公奴婢) 해방을 선언한다.

> 왕이 백성을 대할 때는 신분의 귀천이나 내외를 가리지 않고 고루 균
> 등하게 자식처럼 여겨야 한다. '노비'라 하여 따로 구분하는 것은 모든
> 백성을 동포로 여기고, 똑같이 사랑하라는 가르침에서 벗어나는 것이
> 다. 이에 과인은 왕실에 소속된 노비 3만 6,974명과 각 관청에 소속
> 된 노비 2만 9,093명을 모두 해방하여 양민이 되도록 허락할 것이다.
> 승정원은 노비문서를 거두어들여 돈화문 앞에서 불태우도록 하라.[232]

부모가 자식이 고통 받는 것을 두고 보지 않는 것처럼, 노비로서 힘
겨운 삶을 살아가는 백성들을 더는 방치하지 않겠다는 것이었다.

---

231) 『순조실록』 1년 1월 28일
232) 위와 같음.

여기서 순조가 인용한 '구경'은 『중용』 20장에 나오는 것으로, 유교 정치사상을 집약하여 보여준다. 노나라의 임금 애공(哀公)이 공자에게 "어떻게 나라를 다스려야 큰 나라가 될 수 있습니까?"라고 묻자, 공자는 다음과 같이 대답했다.

무릇 천하와 국가를 다스리는 데는 아홉 가지 도리가 있으니, 첫째, 자신의 몸을 수양하고, 둘째, 어진 이를 존경하며, 셋째, 가까운 이를 살피고, 넷째, 대신을 공경하며, 다섯째, 뭇 신하들을 자신의 몸처럼 생각하고, 여섯째, 백성을 자식처럼 여기며, 일곱째, 온갖 기술자들이 몰려들게 하고, 여덟째, 이민자들을 부드럽게 포용하며, 아홉째, 제후들을 회유하는 것입니다.

애공이 다시 왜 그래야 하는지를 질문하자, 공자는 이렇게 설명했다.

임금이 자신의 몸을 닦아야 나라의 도가 바로 서고, 어진 이를 존경해야 미혹됨이 없으며, 가까운 이를 잘 살펴야 원망을 사지 않고, 대신을 공경해야 간신들에게 휘둘리지 않습니다. 신하를 내 몸처럼 여겨야 그들이 나라를 위해 보답을 하고, 백성을 내 자식처럼 사랑해야 백성들이 근면할 것입니다. 온갖 기술자들을 모으면 나라의 재정이 풍족해질 것이요, 이민자들을 부드럽게 포용하면 사방에서 사람들이 몰려들 것입니다. 이를 바탕으로 제후들을 회유한다면 천하가 모

두 노나라를 존경할 것입니다.[233]

실록에서도 이 '구경'이 언급되는 것을 어렵지 않게 찾아볼 수 있다. 우선, 수신(修身)을 해야 "밝게 보고 공정하게 들을 수 있다"고 여겼다.[234] "수신을 하지 않았는데도 사람들의 어질고 어질지 못함을 구별하고, 쓸 만하고 버릴 만한 것을 알게 되는 사람은 없다."[235] "수신을 통해 무궁한 변화에 대응할 수 있는 힘도 갖출 수 있다."[236] 수신은 마음의 중심을 확립하고, 선입관과 편견에서 벗어나 자신을 객관화하는 훈련이기 때문이다. 보편적 도덕성을 확보함으로써 구성원들의 자발적 참여와 지지도 이끌어낼 수 있다.

다음으로 어진 이를 존경하라는 것은 인재 등용과 관련이 있다. "나라가 번영하고 정치와 학문이 흥하게 되는 여부는 모두 존현(尊賢)에 달려 있으니, 어진 사람을 등용하고 간사한 사람을 퇴출하는 일에 주의를 기울여야 한다."[237] 임금이 어진 이를 존경하고 우대하면 너도나도 자신의 포부와 능력을 펼치고자 조정에 출사할 것이다. 반대로 임금이 어진 이를 홀대하고 간신을 선호하면, 인재들은 조정

---

233) 『중용』, "凡爲天下國家, 有九經, 曰脩身也, 尊賢也, 親親也, 敬大臣也, 體羣臣也, 子庶民也, 來百工也, 柔遠人也, 懷諸侯也. 脩身則道立, 尊賢則不惑, 親親則諸父昆弟, 不怨, 敬大臣則不眩, 體羣臣則士之報禮, 重, 子庶民則百姓, 勸, 來百工則財用, 足, 柔遠人則四方, 歸之, 懷諸侯則天下, 畏之."

234) 『성종실록』 24년 8월 22일

235) 『성종실록』 2년 윤9월 27일

236) 『연산군일기』 3년 8월 1일

237) 『숙종실록』 14년 12월 2일

에 실망하고 낙향하여 숨어버리게 된다.

세번째, 가까운 이를 살피라는 것은 친인척 관리를 말하는 것으로 이들을 "살피고 돌보아주되 권력을 주어서는 안 된다."[238] 임금의 위세를 등에 업고 전횡할 우려가 있기 때문이다. 네번째, 대신을 공경하라는 것은 원로대신들의 경륜과 지혜를 중시하라는 것이다. 세종은 즉위 후에 아버지 태종의 신하인 황희와 허조, 맹사성을 모두 중용했다. 세조도 자주 세자를 불러 재상들과 인사시키며 대신을 공경하라고 당부했다.[239] 왕이 국정을 맡아 처리하는 데 있어 대신들의 경험과 전문적인 조언은 빼놓을 수 없는 요소이기 때문이다.

이어서 다섯번째, 신하를 자신의 몸처럼 생각하라는 것은 군신 간의 신뢰를 말한다. 신하가 탐탁지 않으면 애초에 그 직책을 맡겨서는 안 된다. 기왕 직임을 맡겼다면 임금은 신하를 자기 몸처럼 믿고 아껴야 하는 것이다. 다른 일을 걱정하지 않고 오로지 맡은 바 직무에만 집중할 수 있는 여건도 만들어주어야 한다. 임금이 신하를 위해주면 신하도 임금과 나라를 위해 최선을 다하는 법이다.[240] 여섯번째, 백성을 자식처럼 사랑하라는 것도 마찬가지다. 임금은 자기 자신을 돌보고 자기 자식을 보살피듯 백성들의 고통을 살피고 어려운 점을 헤아려주어야 한다. 그래야 백성도 임금을 믿고 복종하며, 임금이 제시하는 대로 따라오게 된다.

---

238) 『성종실록』 18년 6월 10일
239) 『세조실록』 13년 8월 3일
240) 『중종실록』 23년 3월 7일

이 밖에 일곱번째, 온갖 기술자들이 찾아오게 만들라는 것은 기술자를 우대하라는 뜻이다. "공인(工人)은 자기의 몸을 수고롭게 하여 천하가 편리하도록 만들어주는 자로 그 공이 크니, 대우를 알맞게 하고 노고를 보상하여 그들의 사기를 진작시켜야 한다."[241] 기술자는 구성원들의 삶의 질을 높이고 공동체를 풍요롭게 만들기 위해 없어서는 안 될 존재다. 여덟번째, 이민자들을 부드럽게 포용하라는 것은 국가의 개방성과 포용성을 넓히라는 가르침이다. 역사상의 강대국들은 다른 민족들을 차별 없이 수용하여 그들의 장점을 적극적으로 활용한 공통점이 있다. 이민자와의 융합으로 발휘되는 다양성의 힘은 국가의 역량을 더욱 강화해줄 것이다. 끝으로 아홉번째, 제후들을 어루만져 달래라는 것은 이웃 국가와 화합해야 함을 말한다. 그래야 외부 환경에서 오는 위험을 줄이고 국가 간 협력을 통해 시너지를 발휘할 수가 있기 때문이다.

그런데 이상의 아홉 가지 도리는 하루아침에 이룰 수 있는 것이 아니다. 이것을 실천하겠다는 의지가 확고하더라도 당장 가시적인 성과를 거둘 수는 없다. '구경'에 대한 설명 바로 뒤에 이어지는 『중용』의 구절처럼, 이 규율들을 항상 염두에 두고 꾸준히 노력하며 미리미리 준비해야 한다.

모든 일은 미리 준비하면 이룰 수 있고, 준비하지 않으면 무너지게 된다. 말할 바를 미리 준비하면 차질이 없고, 일할 것을 미리 준비하면

---

241) 『중종실록』 18년 윤4월 18일

어려움이 없고, 행할 것을 미리 준비하면 결함이 없고, 도를 미리 준비하면 곤궁하지 않을 것이다.[242]

---

242) 『중용』, "凡事豫則立, 不豫則廢. 言前定則不跲, 事前定則不困, 行前定則不疚, 道前定則 不窮."

31

나쁜 것을 숨겨주고
착한 것을 드러낸다

태종실록, 성종실록, 인조실록 속의 중용 6장

1627년(인조5년), 『중용』을 공부하는 경연 자리에서 인조가 물었다. "대간(臺諫)도 남의 잘못한 점은 숨겨주고 잘한 점은 드러내주어야 하는가?" 그러자 경연관이 대답했다. "여기에서 나쁜 것을 숨겨주고 착한 것을 드러낸다고 말하는 것은, 임금의 도량을 가리킵니다. 임금은 관대하여 사람들의 잘못을 포용해야 하기 때문입니다. 하지만 대간은 그래서는 안 됩니다. 만약 간관의 직책을 맡은 자가 악을 숨겨주려는 마음을 갖는다면 어찌 되겠습니까? 관리들의 사특함을 규찰하지 않아서 아첨하고 말만 잘하는 무리로 조정을 채우게 만든다면, 어찌 그 책임을 제대로 수행한 것이라 하겠습니까!"[243]

여기서 두 사람이 토론한 것은 『중용』 6장이다.

공자께서 말씀하셨다. 순임금은 묻는 것을 즐기셨고, 얕고 가벼운 말이라도 살피기를 좋아하셨다. 나쁜 것을 숨겨주고 착한 것을 드러내셨으며, 양 극단을 잡아 그 중용의 지점을 백성에게 적용하셨다. 이것이 그분이 순임금이 되신 까닭이다.[244]

공자는 "나쁜 것은 숨겨주고 착한 것은 드러냈다."라며 순임금의 행동을 칭송했는데, 인조는 이 말이 조정의 감찰을 담당하는 대간에게도 해당하지 않느냐고 물은 것이다. 단점이나 부족한 부분, 과오

---

243) 『인조실록』 5년 11월 18일

244) 『중용』, "子曰, 舜其大知也與, 舜好問而好察邇言, 隱惡而揚善, 執其兩端, 用其中於民, 其斯以為舜乎!"

등을 감춰주고, 장점과 잘한 부분, 업적을 널리 알리는 것이 저처럼 높이 평가받을 일이라면, 대간 또한 그래야 하지 않겠느냐는 것이다. 평소 자신의 정치를 사사건건 비판해온 대간에 대한 못마땅한 심정이 엿보인다.

하지만 경연관은 『중용』의 이 구절이 임금이 갖추어야 할 포용의 자세에 관한 것이라며, 대간의 임무와는 상관이 없다고 말한다. 그가 보기에 나라의 기강을 세우고, 정치의 잘잘못을 가려야 하는 대간의 역할은 악을 준엄하게 경계하는 일이 우선되어야 한다. 대간에 대한 인조의 인식을 에둘러 비판하는 것일 뿐 아니라, 신하들을 편협하게 대하고 수시로 트집을 잡았던 인조의 태도를 지적한 것이다.

그렇다면 임금은 왜 나쁜 점을 숨겨줘야 한다는 것일까? 훌륭한 점을 드러내어 칭찬해주는 것은 당사자를 격려하고 다른 사람도 그것을 본받도록 장려하기 위해서라지만, 경계하고 물리쳐야 마땅할 나쁜 점은 왜 감춰줘야 한다는 것일까? 조선 초기의 학자 권근(權近, 1352~1409)은 이 문제에 대해 다음과 같이 이야기했다.

그 말이 비록 잘못되었더라도 너그러이 용납해주어야 하는 이유는 두 가지입니다. 우선, 오늘 지나친 말을 했다고 해서 죄를 준다면, 내일에는 강직한 말을 하려는 자도 필시 두려워하고 꺼려서 감히 진언하지 못할 것입니다. 다음으로, 비록 말에 하자가 있다고 하더라도 그 마음이 나라를 위해 충성을 바치기 위한 것이라면, 아부하고 아첨하여 나라를 저버리고 자신의 이익을 꾀하려는 자와는 같지 않으니, 너

그러이 수용해야 할 것입니다. 옛적에 공자가 순임금의 덕을 아름답게 여겨 말하기를 "나쁜 것은 숨기고 착한 것은 칭찬하고 장려하였다."라고 하였으니, 순임금인들 어찌 악한 것을 죄주려고 하지 않았겠습니까? 그럼에도 반드시 숨겨주고 드러내지 않았던 것은, 만일 나쁜 것을 드러내어 죄를 주게 되면 착한 자 또한 두려워서 말하지 않을 것이기 때문입니다.[245]

어떤 사람이 도리에 어긋나는 말을 하고 틀린 말, 선하지 못한 말을 했다는 이유로 죄를 받는다면, 다른 사람들도 아예 입을 다물게 된다. 섣불리 말을 잘못했다가 죄를 받게 될까 두려운 것이다. 결국 좋은 말까지 사장되는 결과를 가져오게 된다.

나쁜 것을 숨겨줘야 하는 이유는 이것만이 아니다. 사람이 살다 보면 실수를 할 수도 있고 잘못을 저지를 수도 있다. 그러나 과오가 있다고 해서 그 사람이 곧 구제불능이고 나라에 해악을 끼치는 사람인 것은 아니다. 한때의 실수로 그 사람의 전체를 평가해서는 안 된다. 따라서 실수를 덮어주고 과오를 용서해준다면, 그 사람은 자신에게 주어진 기회에 감사하며 깊이 반성하고 더욱 열심히 노력할 것이다. 그리하여 어제의 문제아가 오늘의 영웅이 될 수도 있는 것이다. 제나라 환공이 자신을 죽이려 한 관중을 등용해 패권을 차지했고, 세종이 비리가 잦던 황희를 등용해 청백리 명재상으로 탈바꿈시킨

---

245) 『태종실록』 8년 11월 9일

31. 나쁜 것을 숨겨주고 착한 것을 드러낸다

것은, 모두 임금이 신하의 나쁜 점을 숨겨주고 죄를 묻지 않았기 때문에 가능했다.

조선 성종 때에도 이러한 사례가 있다. 1482년(성종 13년), 성종은 사헌부의 장무관(掌務官)[246]을 불러 이렇게 지시했다.

김세적의 일은 공식적으로 증명된 것이 아니고 단지 고소한 사람의 주장일 뿐이다. (……) 순임금께서는 다른 사람의 나쁜 일은 숨겨주고 착한 일은 드날려주었으며, 옛사람의 말에 "남의 좋은 일은 이루어주고 남의 나쁜 일은 이루게 하지 않는다."라고 하였다. 내가 이 사람을 장차 크게 쓰려고 하니 그를 내버려두라.[247]

활 솜씨가 신기(神技)에 가까웠고 건주여진족 정벌에서도 큰 공을 세웠던 김세적(金世勣)은 성종의 총애를 받아 무장 출신으로는 이례적으로 우승지에 오른 인물이다. 이때 그는 육촌 여동생을 첩으로 삼았다고 하여 고발을 당했다. 강상 윤리를 어겼다는 것이다. 김세적은 이를 완강히 부인했는데, 피고와 원고 모두 의심스러운 부분이 많은 상황이었다. 그러자 성종은 사건 자체를 아예 무마시킨다. 능력이 뛰어난 김세적을 확실한 증거도 없이 처벌할 수 없다는 것이다. 이후, 김세적은 명나라에 사신으로 가서 명성을 떨쳤고, 충청도 관찰사로 재임하며 많은 치적을 쌓았다. 허물이 있는 것으로 의심된다

---

246) 낭관의 우두머리를 뜻한다.
247) 『성종실록』 13년 9월 22일

고 하여 이를 캐내 죄를 묻지 않았고, 오히려 덮어주어 신뢰를 보냄으로써 그 사람이 국가를 위해 기여할 수 있도록 만든 것이다.

우리는 보통 잘한 일을 격려하기보다는 잘못한 일을 지적하는 데 익숙하다. 열 가지 일 중 아홉 가지를 훌륭히 처리했더라도 한 가지를 실패하면 문책을 받는다. 각 조직에서 실시하는 감사나 감찰도 과오를 적발하는 데 초점이 맞춰져 있다. 물론 잘못은 바로잡아야 하고 실수는 복기해야 한다. 그렇지만 나쁜 점을 드러내고 집요하게 지적하는 것만으로는 상황을 바꿀 수 없다. 잘못을 스스로 깨닫고 개선하기 위해서는 당사자의 의지와 노력이 무엇보다 중요하다. 순임금이 나쁜 것을 숨겨주었다는 것은 기회를 준 것이다. 누구도 한 번의 실수로 인해 좌절하는 일이 없도록 하는 것, 한 번의 과오 때문에 나락으로 떨어지는 일이 없도록 하는 것, 그것이 순임금의 의도였을 것이다. 그리고 여기에 더해 착한 것을 드러내줌으로써, 그 사람이 더욱 발전할 수 있도록 응원하고 격려하라는 것이 순임금이 주는 교훈이다.

김준태

성균관대학교에서 한국철학 전공으로 박사학위를 받았다. 동 대학 한국철학인문문화연구소를
거쳐 유학(儒學)대학 연구교수로 있으며, 한국을 비롯한 동아시아의 철학사상, 특히 고전과 역사
에 나타나는 지식인들의 리더십과 경세론을 중점으로 연구하고 있다. 잡지 기고, 기업 강의, 인
터넷 강의 등 대중적인 영역에서도 활발히 활동 중이다. 논문으로는 「포저 조익의 성리학설과
경세론에 관한 연구」, 「정조의 정치사상연구」, 「권도론 연구」, 「출처론 연구」 등이 있고, 저서로
는 『왕의 경영』, 『군주의 조건』, 『탁월한 조정자들』, 『다시는 신을 부르지 마옵소서』가 있다.

논어와 조선왕조실록

1판 1쇄 찍음 2019년 4월 12일
1판 1쇄 펴냄 2019년 4월 19일

지은이 김준태
리서치 안승현
펴낸이 정성원 · 심민규
펴낸곳 도서출판 눌민

출판등록 2013. 2. 28 제25100-2017-000028호
주소 서울시 마포구 월드컵로10길 37, 서진빌딩 401호 (04003)
전화 (02) 332-2486 **팩스** (02) 332-2487
이메일 nulminbooks@gmail.com

ⓒ 김준태 2019

Printed in Seoul, Korea

ISBN 979-11-87750-23-9 03910

이 도서의 국립중앙도서관 출판예정도서목록(CIP)은 서지정보유통지원시스템 홈페이지(http://seoji.nl.go.kr)와
국가자료종합목록시스템(http://www.nl.go.kr/kolisnet)에서 이용하실 수 있습니다. (CIP제어번호: CIP2019014182)